¡Apúntate! 5

Nueva edición

Grammatikheft

¡Apúntate! 5 Nueva edición
Grammatikheft

Im Auftrag des Verlages erarbeitet von:
Henning Peppel

Redaktion:
Yvonne Miller, Dr. Martin Fischer (Projektkoordination)

Projektleitung:
Heike Malinowski

Illustration: Rafael Broseta

Umschlaggestaltung: werkstatt für gebrauchsgrafik, Berlin

Layout und technische Umsetzung: graphitecture book & edition

Umschlagfoto: INTERFOTO / Tom Mackie

www.cornelsen.de

Für die Nutzung des kostenlosen Internetangebots zum Buch gelten die allgemeinen Geschäftsbedingungen (AGB) des Internetportals *www.cornelsen.de*, die jederzeit unter dem entsprechenden Eintrag abgerufen werden können.

1. Auflage, 1. Druck 2020

Alle Drucke dieser Auflage sind inhaltlich unverändert und können im Unterricht nebeneinander verwendet werden.

Druck: Athesiadruck GmbH

ISBN 978-3-06-121225-4

PEFC zertifiziert
Dieses Produkt stammt aus nachhaltig bewirtschafteten Wäldern und kontrollierten Quellen.
www.pefc.de

PEFC
PEFC/18-31-166

Vorwort

¡Hola! Ich bin Pepe und begleite dich durch dein Grammatikheft. Du findest hier den gesamten Grammatikstoff von *¡Apúntate! 5*.

Wenn du wissen willst, wo du ein Thema findest, schlägst du im Inhaltsverzeichnis nach.

In jedem Abschnitt findest du auf der linken Seite spanische Beispielsätze bzw. Tabellen, in denen der neue Grammatikstoff fett gedruckt ist. In der rechten Spalte findest du die Erklärung zur neuen Grammatik.

In den grünen *¡Acuérdate!*-Kästen kannst du grammatische Themen aus *¡Apúntate! 1–4* auffrischen.

In den gelben Kästchen findest du die Bedeutung von grammatischen Begriffen oder Lernhilfen.

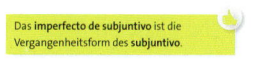

Das *imperfecto de subjuntivo* ist die Vergangenheitsform des *subjuntivo*.

In den orangefarbenen Kästen findest du wichtige Hinweise.

Denke daran, dass im *si*-Satz selbst immer der Indikativ Präsens steht.

In den blauen Kästen kannst du überprüfen, ob du das neue Thema verstanden hast. Die Lösungen findest du auf den Seiten 49–52 .

Die Rubrik *Evaluación* gibt es am Ende jeder Unidad. Hier kannst du überprüfen, ob du die neue Grammatik verstanden hast. Du kannst die Aufgaben auch auf **www.cornelsen.de/codes** mit dem Webcode **bisaco** herunterladen und entweder direkt am Computer bearbeiten oder ausdrucken. Die Lösungen dazu findest du auch unter dem Webcode.

Auf den Seiten 37–48 findest du mehrere Übersichten, z. B. zu den Ausspracheregeln und den Verben, die du aus *¡Apúntate! 1–5* kennst.

Viel Spaß beim Spanischlernen! Und viel Erfolg natürlich!

Inhaltsverzeichnis

Módulo 1   La América precolombina

Módulo 2   El legado de al-Ándalus

Anexo

1 Das futuro simple | El futuro simple ▶ U1/A, p.14

—Me **voy a comprar** una bicicleta nueva.
— **Ich werde** mir ein neues Fahrrad **kaufen**.
—Hoy por la tarde **vamos a estudiar** para el examen.
— *Heute Nachmittag* **werden wir** *für die Prüfung* **lernen**.

¡Acuérdate!
Du kennst bereits das **futuro inmediato** (**ir a** + Infinitiv), um über die Zukunft zu sprechen und v. a. Absichten und unmittelbar bevorstehende Ereignisse zum Ausdruck zu bringen.

	invitar *einladen*	perder *verlieren*	vivir *leben*
[yo]	invitar**é**	perder**é**	vivir**é**
[tú]	invitar**ás**	perder**ás**	vivir**ás**
[él/ella]	invitar**á**	perder**á**	vivir**á**
[nosotros/-as]	invitar**emos**	perder**emos**	vivir**emos**
[vosotros/-as]	invitar**éis**	perder**éis**	vivir**éis**
[ellos/-as]	invitar**án**	perder**án**	vivir**án**

Das **futuro simple** ist eine weitere Zeit, mit der du dich über die Zukunft äußern kannst. Du bildest es mit dem **Infinitiv** und den Personalendungen **-é**, **-ás**, **-á**, **-emos**, **-éis** und **-án**. Die Endungen sind bei allen Verben gleich.

Im **futuro simple** tragen alle Formen außer der 1. Person Plural einen Akzent auf der Endung.

decir: diré, dirás, dirá, diremos, diréis, dirán
haber: habré, habrás, habrá, habremos, habréis, habrán
hacer: haré, harás, hará, haremos, haréis, harán
poder: podré, podrás, podrá, podremos, podréis, podrán
poner: pondré, pondrás, pondrá, pondremos, pondréis, pondrán
querer: querré, querrás, querrá, querremos, querréis, querrán
saber: sabré, sabrás, sabrá, sabremos, sabréis, sabrán
salir: saldré, saldrás, saldrá, saldremos, saldréis, saldrán
tener: tendré, tendrás, tendrá, tendremos, tendréis, tendrán
venir: vendré, vendrás, vendrá, vendremos, vendréis, vendrán

Einige Verben haben im **futuro simple** einen unregelmäßigen Stamm; sie bilden das Futur nicht mit dem Infinitiv. Die Endungen sind jedoch stets die gleichen.

Merke dir: Ein **futuro** ohne **r** hat keine Zukunft!

Andrés **encontrará** su propio camino.
Andrés **wird** *seinen eigenen Weg (schon)* **finden**.
Cristina y Alex **serán** amigos para siempre.
Cristina und Alex **werden** *für immer Freunde* **sein**.
En unos años **obtendré** mi carné de conducir.
In ein paar Jahren **werde** *ich meinen Führerschein* **machen**.

Das **futuro simple** ähnelt in der Verwendung dem *will-future* im Englischen.
Du verwendest es, um über die Zukunft zu sprechen und Vorhersagen zu treffen. Im Unterschied zu **ir a** + Infinitiv bezieht sich das **futuro simple** meistens auf die entferntere Zukunft.

1

¿**Volveré** a Bogotá algún día?
*Ob ich wohl eines Tages nach Bogotá **zurückkehren werde**?*

Das **futuro simple** gebrauchst du auch, um Hypothesen bzw. Vermutungen zu formulieren. Im Deutschen verwenden wir dafür oft das Wörtchen „wohl" oder „ob".

Reformula las frases y utiliza el futuro simple. ▶ Soluciones, p. 49
1. Andrés y tú os vais a hacer amigos.
2. Un día Isabel va a volver a Bogotá.
3. Mis padres van a estar contentos.
4. ¿Cuándo vas a obtener el carné de conducir?
5. Este verano, Isabel va a hacer unas prácticas.
6. Seguro que vamos a aprobar el examen.
7. Yo también voy a trabajar como voluntaria.
8. No nos vamos a perder tu fiesta por nada.

---

2 Der reale Bedingungssatz mit futuro simple │ La oración condicional real con el futuro simple
▶ U1 / A, p. 14

—Si tengo tiempo, te **llamo**.
– *Wenn ich Zeit habe, **rufe ich** dich **an**.*
—**Podemos** ir al parque si queréis.
– ***Wir können** in den Park gehen, wenn ihr wollt.*

¡**Acuérdate!**
Du kennst bereits den realen Bedingungssatz im Präsens. Dafür benötigst du die Konjunktion **si** („wenn", „falls").

Si apruebo el examen, **estudiaré** Derecho.
*Wenn ich die Prüfung bestehe, **werde ich** Jura **studieren**.*
Si Isabel mejora sus notas en Química, **podrá** estudiar Biología en Bogotá.
*Wenn Isabel ihre Noten in Chemie verbessert, **wird sie** in Bogotá Biologie studieren **können**.*
Será más fácil recibir una beca **si** tienes buenas notas.
***Es wird** leichter **sein**, ein Stipendium zu bekommen, wenn du gute Noten hast.*

Um Bedingungen zu formulieren, die sich auf die entferntere Zukunft beziehen, verwendest du im Hauptsatz das **futuro simple**.

Denke daran, dass im **si**-Satz selbst immer der Indikativ Präsens steht.

Completa las frases con la forma correcta del presente y del futuro simple. ▶ Soluciones, p. 49
1. Si (*hacer* / vosotros) lo que los monitores os piden, no (*tener* / vosotros) problemas con ellos.
2. Si (*obtener* / tú) el carné de conducir, ¿este verano (*ir* / tú) al campamento en coche?
3. Si mi madre (*recibir*) una buena oferta de trabajo, (*dejar* / ella) su puesto actual.
4. (*Pasarlo* / yo) fenomenal y (*madurar* / yo) mucho si (*poder* / yo) estudiar un año en el extranjero.
5. Si (*tener* / nosotros) suerte, el próximo año (*estudiar* / nosotros) en México.

3 Der subjuntivo nach den Konjunktionen hasta que und sin que | Las conjunciones hasta que y sin que + subjuntivo ▶ U1 / B, p. 18

En un campamento es importante respetar el horario <u>sin que</u> los monitores **tengan que** decirlo todo el tiempo.
*In einem Ferienlager ist es wichtig, sich an den Zeitplan zu halten, <u>ohne dass</u> die Betreuer es ständig sagen **müssen**.*
A veces, algunos se pierden durante una excursión <u>sin que</u> los monitores **se den cuenta**.
*Manchmal verlaufen sich einige während einer Exkursion, <u>ohne dass</u> die Betreuer es **bemerken**.*

Die Konjunktion **sin que** („ohne dass") steht immer mit dem **subjuntivo**. Das kennst du schon von anderen Konjunktionen, z. B. **para que** („damit").

Los jóvenes se quedarán en el campamento <u>hasta que</u> sus padres los **recojan**.
*Die Jugendlichen werden im Ferienlager bleiben, <u>bis</u> ihre Eltern sie **abholen**.*
<u>Hasta que</u> **hagas** tú mismo un voluntariado, no sabes cómo es el trabajo de un voluntario realmente.
*<u>Bis</u> du selbst einen Freiwilligendienst **machst**, weißt du nicht, wie die Arbeit als Freiwilliger wirklich ist.*
Isabel tiene que quedarse en Quindío <u>hasta que</u> **termine** el bachillerato.
*Isabel muss in Quindío bleiben, <u>bis</u> sie mit dem Abi **fertig ist**.*

Die Konjunktion **hasta que** („bis") steht nur dann mit dem **subjuntivo**, wenn sich der Satz auf etwas Zukünftiges bezieht. Das kennst du schon von den Konjunktionen **cuando** („sobald") und **mientras** („solange").

Completa las frases con **sin que** o **hasta que** y con el subjuntivo. ▶ Soluciones, p. 49
1. El padre de Andrés no estará contento [...] Andrés (*graduarse*).
2. A veces algunos chicos logran salir del campamento a escondidas [...] los monitores los (*ver*).
3. La contaminación no mejorará [...] (*dejar* / nosotros) de ser egoístas y (*cambiar* / nosotros) nuestra forma de vida.
4. [...] (*vivir* / vosotros) vosotros mismos en otro país, nunca sabréis cómo es.
5. Cuando tu habitación esté sucia, quiero que la limpies [...] (*tener que* / nosotros) decírtelo.

Hier kannst du überprüfen, was du in der Unidad 1 gelernt hast. Diese Aufgaben kannst du mithilfe des Webcodes bisaco auf www.cornelsen.de/codes herunterladen und ausfüllen.

1 ¿Cómo lo dices en español? Utiliza el futuro simple.

1. *Wird Isabel wirklich Biologie studieren?*
2. *Ob ich dieses Jahr lustige Leute im Ferienlager kennenlernen werde?*
3. *Ob die Betreuer nett sind?*
4. *Ob es wohl vegetarisches Essen gibt?*
5. *Wie spät ist es wohl?*
6. *Wo werden wir wohl in zehn Jahren leben?*
7. *Werden mein bester Freund und ich als Ingenieure arbeiten?*
8. *Wann werden wir Andrés in Mexiko besuchen?*
9. *Ob Andrés wohl nach Deutschland zurückkehrt?*
10. *Werden Isabels Eltern ihren Traum verwirklichen?*

2 Completa las oraciones condicionales con las formas correctas del futuro simple y del presente.

1. Si la contaminación del aire no (*bajar*), mucha gente (*irse*) de las ciudades grandes.
2. Los hermanos de Isabel (*poder*) trabajar como ingenieros agrónomos si (*sacar*) buenas notas.
3. Si Alex no (*tener que*) trabajar el sábado, (*quedar*) con Christina en una discoteca.
4. (*Realizar* / yo) mi sueño si (*aprobar* / yo) los exámenes finales.
5. Para los jóvenes (*ser*) difícil pasar tres semanas en el campamento si no (*haber*) Internet.
6. Si (*estás* / tú) abierto para experiencias nuevas, (*pasar* / tú) un tiempo fenomenal en el campamento.
7. Andrés no (*estar*) muy contento si no (*poder* / él) decidir él mismo qué camino va a tomar.

3 ¿Qué harás en el futuro? Formula frases y utiliza el futuro simple.

En el futuro En 20 años Después del bachillerato	[yo]	*hacer* un voluntariado. no *casarse*. *recibir* una beca y *estudiar* en la universidad. *tener* un trabajo interesante. *ser* independiente. *vivir* un tiempo en otro país. quizás *formar* una familia.

4 Gramática combinada. Completa las reglas del campamento con las letras que faltan.

1. Un monitor tiene mucha responsabilidad. No te lo imaginas ha[**...**] que te[**...**] que cuidar a 30 niños.
2. Los niños no deben salir del campamento s[**...**] que los monitores lo se[**...**].
3. Si t[**...**] menos de 18 años, solo pue[**...**] salir en grupos de tres personas o más.
4. Es importante que vosotros siempre se[**...**] puntuales s[**...**] que los monitores te[**...**] que decirlo.
5. Si os per[**...**] en una excursión, llamad por teléfono a un monitor y esperad ha[**...**] que alguien lle[**...**] para recogeros.
6. Solo podr[**...**] participar en los paseos nocturnos si vuestros padres os d[**...**] el permiso.
7. Si todos vosotros respe[**...**] las reglas, seguro que nos diver[**...**] mucho en las próximas tres semanas.

4 Der condicional simple | El condicional simple ▶ U2 / A, p. 34

En diez años **estudiaré** en el extranjero.
*In zehn Jahren **werde ich** im Ausland **studieren**.*
—¿A qué hora vuelven tus padres?
— Um wie viel Uhr kommen deine Eltern zurück?
—No sé, **volverán** en dos o tres horas...
*— Ich weiß nicht, sie **werden wohl** in zwei oder drei Stunden*
***zurückkommen**.*

¡Acuérdate!
Du hast in der Unidad 1 bereits das **futuro simple** kennengelernt, das du verwendest, um über die Zukunft zu sprechen oder Vermutungen zu äußern. Das **futuro simple** der regelmäßigen Verben wird gebildet, indem du die entsprechenden Personalendungen an den Infinitiv anhängst (→ Nr. 1).

—Yo que tú **compraría** la camisa roja. Es más bonita.
*— Ich an deiner Stelle **würde** das rote Hemd **kaufen**. Es ist*
schöner.

Mit dem **condicional simple** kannst du Möglichkeiten ausdrücken und Ratschläge geben.

	revisar *überprüfen*	**vender** *verkaufen*	**producir** *produzieren*
[yo]	revisaría	vendería	produciría
[tú]	revisarías	venderías	producirías
[él/ella]	revisaría	vendería	produciría
[nosotros/-as]	revisaría-mos	vendería-mos	produciría-mos
[vosotros/-as]	revisaríais	venderíais	produciríais
[ellos/-as]	revisarían	venderían	producirían

So wie das **futuro simple** wird auch der **condicional** mit dem Infinitiv und den Personalendungen gebildet. Die Personalendungen im **condicional** sind: -ía, -ías, -ía, -íamos, -íais und -ían.

Alle Formen des **condicional** tragen einen Akzent auf dem **-í-** der Endung.

Merke dir:
Die Personalendungen des **condicional** sind die gleichen wie die des **pretérito imperfecto** der Verben auf **-er** und **-ir**.

decir:	diría, dirías, diría, diríamos, diríais, dirían
haber:	habría, habrías, habría, habríamos, habríais, habrían
hacer:	haría, harías, haría, haríamos, haríais, harían
poder:	podría, podrías, podría, podríamos, podríais, podrían
poner:	pondría, pondrías, pondría, pondríamos, pondríais, pondrían
querer:	querría, querrías, querría, querríamos, querríais, querrían
saber:	sabría, sabrías, sabría, sabríamos, sabríais, sabrían
salir:	saldría, saldrías, saldría, saldríamos, saldríais, saldrían
tener:	tendría, tendrías, tendría, tendríamos, tendríais, tendrían
venir:	vendría, vendrías, vendría, vendríamos, vendríais, vendrían

Einige Verben haben im **condicional** einen unregelmäßigen Stamm; sie leiten sich nicht aus dem Infinitiv ab. Es sind die gleichen unregelmäßigen Verben wie beim **futuro simple** (→ Nr. 1).

Egal ob regelmäßig oder unregelmäßig: Um den **condicional** zu bilden, nimmst du am besten den Stamm des **futuro simple** und hängst die **condicional**-Endungen an – das funktioniert für alle Verben!

Nacho y su familia también **podrían** alquilar habitaciones a turistas.
*Nacho und seine Familie **könnten** auch Zimmer an Touristen vermieten.*
No **viajaría** a Andalucía en verano; hace demasiado calor.
*Ich **würde** im Sommer nicht nach Andalusien **reisen**; es ist zu heiß.*

Der **condicional** ähnelt in seiner Verwendung dem *conditional* im Englischen (*would* + Infinitiv) oder dem deutschen Konjunktiv II mit „würde". Du verwendest ihn, um Ratschläge zu geben oder Möglichkeiten zum Ausdruck zu bringen.

No entiendo: ¿por qué **debería** apadrinar un árbol?

APADRINA UN ÁRBOL

Pues, porque a cambio **recibirías** una parte de la cosecha…

Forma el condicional. ▶ Soluciones, p. 49

1. *diversificar* el negocio [él]
2. *ver* una corrida de toros [tú]
3. *revisar* el pedido [la jefa]
4. *usar* energía solar [yo]
5. *tener* contacto directo [ellos]
6. *hacer* eso [vosotras]
7. *visitar* a Rocío [nosotras]
8. *salir* a flote [los negocios]
9. *exportar* más [nosotros]
10. no *trabajar* en un cortijo [yo]
11. *recoger* frutas [Nacho y Rocío]
12. *regar* las plantas [tú]

5 Das Relativpronomen quien/quienes | El pronombre relativo quien/quienes ▶ U2 / A, p. 34

Nacho es un primo mío, **que** vive en Andalucía.
*Nacho ist ein Cousin von mir, **der** in Andalusien lebt.*
La mujer **de la que** me enamoré se llama Rocío.
*Die Frau, **in die** ich mich verliebt habe, heißt Rocío.*

¡Acuérdate!
Du kennst bereits einige Relativpronomen, z. B. **que** („der", „die", „das") und **el/la que** mit Präposition.

Nacho, **quien** había emigrado a Francia, volvió a España pocos años después.
*Nacho, **der** nach Frankreich ausgewandert war, kehrte wenige Jahre später nach Spanien zurück.*
Los clientes de «El Arroyo», **quienes** vienen muchas veces del extranjero, también pueden comprar las naranjas por Internet.
*Die Kunden von „El Arroyo", **die** oftmals aus dem Ausland kommen, können die Orangen auch im Internet kaufen.*
A los estudiantes en Granada, **quienes** participan en el programa «Erasmus», les encanta la ciudad.
*Die Studenten in Granada, **die** am Erasmus-Programm teilnehmen, lieben diese Stadt.*

Ein weiteres Relativpronomen ist **quien** („der", „die") und seine Pluralform **quienes** („die"). Im Unterschied zu **que** bezieht **quien** bzw. **quienes** sich immer auf Personen und wird eher in der Schriftsprache verwendet.

Quien quiere conocer el lugar donde la familia cultiva las naranjas, puede visitar el cortijo.
***Wer** den Ort kennenlernen möchte, wo die Familie die Orangen anbaut, kann das Landgut besuchen.*
La familia ofrece visitas guiadas por el cortijo para **quienes** quieren conocer el origen de las frutas.
*Die Familie bietet Führungen über das Landgut für **diejenigen** an, **die** die Herkunft der Früchte kennenlernen möchten.*

Manchmal kann **quien/quienes** auch mit „wer" oder „derjenige, der" bzw. „diejenige/n, die" wiedergegeben werden.

Su mujer Rocío, **con quien** Nacho trabaja codo a codo, siempre creyó en el proyecto.
*Seine Frau Rocío, **mit der** Nacho Seite an Seite arbeitet, hat immer an das Projekt geglaubt.*

Ebenso wie das Relativpronomen **el/la que** kann auch **quien** bzw. **quienes** mit einer Präposition verwendet werden.

Completa las frases con **quien** o **quienes**. ▶ Soluciones, p. 49
1. Los padres de Nacho, [...] son los dueños de «El Arroyo», ya estaban pensando en vender el cortijo.
2. Nacho y su familia, [...] hasta ahora venden sus naranjas en las ferias de la región, están pensando en abrir una tienda.
3. Rocío, [...] es la mujer de Nacho, y sus padres siempre van con él a las ferias.
4. Los clientes, con [...] Nacho habla después de las visitas guiadas, siempre están contentos.
5. [...] visita «El Arroyo» normalmente quiere conocer el origen de las frutas que compra.
6. Carmen, [...] administra la página web, tuvo la idea de vender las naranjas por la red.
7. Los padres de Nacho, [...] al principio dudaban del proyecto, ahora están muy contentos.

6 Die Relativpronomen donde und adonde | Los pronombres relativos donde y adonde ▶ U2 / B, p. 39

Vamos a «El Arroyo» **donde** hay naranjas ecológicas.
*Wir fahren zu „El Arroyo", **wo** es Bio-Orangen gibt.*
Andalucía es una región de España **donde** hay muchas plantaciones de naranjas.
*Andalusien ist eine Region Spaniens, **in der** es viele Orangen-haine gibt.*

Mit dem Relativpronomen **donde** kannst du Orte genauer beschreiben. Es entspricht dem Relativpronomen „wo" im Deutschen und wird manchmal auch mit „in dem/der" bzw. „an dem/der" etc. wiedergegeben.

¡Este zumo está riquísimo! ¿Dónde compráis las naranjas?

En un mercado **donde** solo hay productos ecológicos.

Denke daran:
¿dónde? (Fragewort) → mit Akzent
donde (Relativpronomen) → ohne Akzent

2

San Miguel Alto es uno de los lugares **adonde** muchos jóvenes van para encontrarse con sus amigos.
*San Miguel Alto ist einer der Orte, **wohin** viele Jugendliche gehen, um ihre Freunde zu treffen.*
La playa **adonde** siempre vamos está cerca de aquí.
*Der Strand, **an den** wir immer fahren, ist hier in der Nähe.*

Das Relativpronomen **adonde** entspricht dem Relativpronomen „wohin" im Deutschen. Es wird oft in Verbindung mit Bewegungsverben wie **ir** oder **viajar** verwendet. Manchmal wird es auch mit „zu dem / zu der" bzw. „an den / an die" etc. wiedergegeben.

– **¿Adónde** vais?
– *Wohin fahrt ihr?*
– Al mismo lugar **adonde** vamos siempre.
– *An den gleichen Ort, **an den** wir immer fahren.*

Auch hier gilt:
¿adónde? (Fragewort) → mit Akzent
adonde (Relativpronomen) → ohne Akzent

Completa las frases con **donde** o **adonde**. ▶ Soluciones, p. 49–50
1. Granada es una ciudad [...] hay una gran variedad de lugares turísticos.
2. También es una de las ciudades españolas [...] muchos estudiantes extranjeros quieren ir para pasar un año de intercambio.
3. Algunas cuevas en el Sacromonte, [...] antes vivía gente, se usan hoy como tablaos flamencos.
4. El sur de Andalucía, [...] viajan turistas de todo el mundo, ofrece playa, montañas y mucho más.
5. En la Sierra Nevada, [...] incluso puedes esquiar, está el pico más alto de España, el Mulhacén.
6. Granada, [...] viven muchos estudiantes, es una ciudad con muy buena calidad de vida.

Hier kannst du überprüfen, was du in der Unidad 2 gelernt hast. Diese Aufgaben kannst du mithilfe des Webcodes bisaco unter www.cornelsen.de/codes herunterladen und ausfüllen.

1 Nacho recibe consejos de su mejor amiga. Transforma las frases en consejos y utiliza el condicional simple. Empieza con «Yo que tú…».

Ejemplo: ¡Ofrece más productos ecológicos! → Yo que tú ofrecería más productos ecológicos.

1. ¡Haz pausas durante el trabajo en el campo!
2. ¡Usa solo abono orgánico!
3. ¡Mejora la página web de la empresa!
4. ¡No vendas nunca la propiedad!
5. ¡Ponte en contacto con otros cortijos ecológicos!
6. ¡Abre una tienda!
7. ¡No exportes solo naranjas sino también otros productos!
8. ¡Alquila habitaciones a turistas!
9. ¡Riega más los árboles!
10. ¡Produce bajo demanda y recoge las frutas solo cuando llega un pedido por Internet!

2 Completa las frases con las formas del condicional.

1. (*Ser*) genial visitar el cortijo de Nacho.
2. Te (*ayudar*/yo), pero ahora no puedo.
3. Como no vais a estar en casa en julio, (*poder*/nosotros) regar vuestras plantas. ¿Qué os parece?
4. Para vender más frutas, (*tener que*/vosotros) producir más.
5. Mis padres no hablan español, por eso no (*viajar*/ellos) a Andalucía sin mí.
6. ¿Qué (*hacer*/tú) en mi lugar? ¿Qué les (*decir*/tú) a tus padres? ¿(*Ir*/tú) a Andalucía con ellos?

3 Sustituye las partes subrayadas por quien/quienes, donde o adonde.

1. Fue Nacho el que tuvo una idea genial.
2. Rocío, que también trabaja en la empresa familiar, se encarga de la logística.
3. Ayer Rocío fue a un bar de tapas al que nunca había ido.
4. La que se encarga de la página web es Carmen, la hija de Rocío y Nacho.
5. Los que se encuentran por las noches en el mirador de Granada son sobre todo los estudiantes universitarios.
6. Mira, estos son los estudiantes de Erasmus a los que conocí anoche en el mirador.
7. Andalucía es una región en la que las corridas de toros son bastante populares.
8. Pero también en Andalucía hay personas que quieren prohibir las corridas.

4 Gramática combinada. A un amigo de Nacho le gustaría visitar Andalucía. Completa sus pensamientos con las letras que faltan.

En el centro de Granada, do[…] hay muchos bares y restaurantes, mis amigos y yo podr[…] comer tapas todas las noches. Nacho y su mujer Rocío, qui[…] son de Andalucía, pie[…] que vale mucho la pena visitar Granada. Además, Nacho di[…] que en mi lugar ir[…] a Sierra Nevada – el único lugar en Andalucía do[…] hay nieve y ad[…] mucha gente va para esquiar. A mis amigos, qui[…] tampoco conocen Andalucía todavía, les enc[…] visitar Cádiz, pero no sé si vamos a tener tiempo. Es que a mí me gus[…] visitar también San Bartolomé, do[…] Nacho y su familia tie[…] su cortijo. En Andalucía, d[…] muchas empresas prod[…] frutas y verduras en invernaderos, un cortijo como «El Arroyo» es algo especial. Por eso ser[…] genial conocer ese lugar do[…] vive mi amigo. Nacho y Rocío dicen que se pon[…] muy contentos con mi visita. Además, así yo finalmente cono[…] personalmente a Rocío, a qu[…] hasta ahora solo he visto en fotos.

7 Die Kontrastierung von pretérito indefinido und pretérito imperfecto (ohne Signalwörter) │ El uso del pretérito indefinido y del pretérito imperfecto (sin marcadores) ▶ U3 / ¡Acércate!, p. 56

Antes **viajaba** mucho por España.
*Früher **bin ich** viel durch Spanien **gereist**.*
El verano pasado **viajé** a México.
*Letzten Sommer **bin ich** nach Mexiko **gereist**.*

¡Acuérdate!
Du kennst bereits mehrere Vergangenheitszeiten, mit denen du dich differenziert über die Vergangenheit äußern kannst. So weißt du bereits, in welchen Zusammenhängen und nach welchen Signalwörtern man das **pretérito imperfecto** und das **pretérito indefinido** verwendet.

Los aztecas **vivían** en México. Su capital **era** Tenochtitlan.
*Die Azteken **lebten** in Mexiko. Ihre Hauptstadt **war** Tenochtitlan.*
Muchos aztecas **murieron** durante la conquista de Tenochtitlan.
*Viele Azteken **starben** während der Eroberung von Tenochtitlan.*
Colón **quería** encontrar un camino a Asia por el mar, pero no **llegó** a Asia, sino a América.
*Kolumbus **wollte** einen Weg über das Meer nach Asien finden, aber er **landete** nicht in Asien, sondern in Amerika.*
Al principio, los Reyes Católicos no **creían** en el proyecto de Colón, pero luego **cambiaron** de opinión y **autorizaron** el viaje.
*Zuerst **glaubten** die Katholischen Könige nicht an Kolumbus' Projekt, aber dann **änderten** sie ihre Meinung und **genehmigten** die Reise.*

Die Vergangenheitszeiten stehen oft auch in Sätzen ohne Signalwörter. Wie du bereits weißt, wird das **pretérito imperfecto** für Beschreibungen, Wiederholungen und Handlungen, die im Hintergrund ablaufen, verwendet.
Das **pretérito indefinido** verwendest du hingegen, um plötzlich eintretende Ereignisse sowie einmalige oder aufeinanderfolgende abgeschlossene Handlungen und Ereignisse zum Ausdruck zu bringen.
Im selben Satz können verschiedene Vergangenheitszeiten auftreten. Die Verwendungsregeln sind die gleichen.

Llovía muchísimo y de repente también **empezó** una tormenta.
***Es regnete** in Strömen und plötzlich **fing** es auch **an**, zu gewittern.*

Als Merkhilfe für die Verwendung der beiden Vergangenheitszeiten kannst du dir eine Szene vorstellen, in der es schon eine Zeit lang regnet (= Situationsbeschreibung → Verben im **pretérito imperfecto**), als plötzlich ein Blitz die Szene durchkreuzt (= einmaliges, abgeschlossenes Ereignis → Verben im **pretérito indefinido**).

Como Tenochtitlan **estaba** en medio de un lago, no **fue** fácil conquistar la ciudad.
*Da Tenochtitlan inmitten eines Sees **lag**, **war** es nicht einfach, die Stadt zu erobern.*
No **tenía** el libro, por eso no **pude** hacer los deberes.
*Ich **hatte** das Buch nicht, deswegen **konnte** ich die Hausaufgaben nicht machen.*

Begründungen in der Vergangenheit werden oft mit dem **pretérito imperfecto** und Schlussfolgerungen durch das **pretérito indefinido** ausgedrückt.

No **sabía** que los aztecas vivían en México. Lo **supe** ayer.
*Ich **wusste** nicht, dass die Azteken in Mexiko lebten. Ich **habe** es gestern **erfahren**.*
Sara decidió ir al museo de Tenochtitlan porque todavía no lo **conocía**. Ese día en el museo **conoció** a su novia.
*Sara beschloss, ins Tenochtitlan-Museum zu gehen, weil sie es noch nicht **kannte**. An diesem Tag im Museum **lernte** sie ihre Freundin **kennen**.*
Tuvimos un susto cuando queríamos pagar nuestro helado y vimos que no **teníamos** dinero en la cartera.
*Wir **bekamen** einen Schreck, als wir unser Eis bezahlen wollten und sahen, dass wir kein Geld im Portemonnaie **hatten**.*

Einige Verben verändern ihre Bedeutung, je nachdem, ob sie im **préterito imperfecto** oder im **pretérito indefinido** stehen:

	imperfecto	indefinido
saber	wissen	erfahren
conocer	kennen	kennenlernen
tener	haben	bekommen

Lerne diese Verben zusammen mit ihren beiden Bedeutungen.

Completa las frases con las formas del pretérito imperfecto o del pretérito indefinido.
▶ Soluciones, p. 50
1. Tenochtitlan (*ser*) una ciudad muy grande para la época.
2. Muchos marineros (*tener*) miedo y (*pensar*) que iban a morir durante el viaje.
3. Cuando los Reyes Católicos (*saber*) que Colón había llegado a tierra, (*ponerse*) contentos.
4. Los conquistadores, cuando (*llegar*) a América, (*pensar*) que estaban en Asia.
5. Tenochtitlan (*tener*) más de 200 000 habitantes, por eso (*necesitar*) una buena infraestructura.
6. Cortés (*conocer*) a Malinche en México y ella lo (*ayudar*) bastante en la conquista.
7. Malinche (*hablar*) náhuatl y una lengua maya y también (*aprender*) el español muy rápido.

8   Die Konstruktion **lo** + Adjektiv + **que** | La construcción **lo** + adjetivo + **que**   ▶ U3 / A, p. 60

¿No veis **lo serio que** está Moctezuma?
*Seht ihr nicht, **wie ernst** Moctezuma ist?*
¡Es increíble **lo bonita que** era la ciudad!
*Es ist unglaublich, **wie schön** die Stadt war!*
Mira **lo hábiles que** son los niños.
*Schau mal, **wie geschickt** die Kinder sind!*
¡No sabes **lo ricas que** están las tortillas!
*Du ahnst nicht, **wie lecker** die Tortillas sind.*

Mit **lo** + Adjektiv + **que** kannst du Verwunderung und Überraschung ausdrücken. Das Adjektiv wird in Geschlecht und Numerus dem Bezugswort angeglichen. Im Deutschen entspricht die Konstruktion „wie + Adjektiv".

Completa las frases con **lo** + adjetivo + **que**. ▶ Soluciones, p. 50

1. Es interesante ver [...] eran los niños en Tenochtitlan. (inteligente)
2. Mira [...] parece ese sacerdote. (estricto/-a)
3. No sabes [...] son las casas. (sencillo/-a)
4. ¡Fíjate en [...] son los jugadores de tlachtli! (famoso/-a)
5. ¿Has visto [...] es la exposición? (interesante)

9 Die pasiva refleja | La pasiva refleja ▶ U3 / A, p. 60

¿Cómo **se dice** «Hase» en español? *Wie **sagt man** „Hase" auf Spanisch?* ¿Cómo **se escribe** tu nombre? *Wie **schreibt man** deinen Namen?*	**¡Acuérdate!** Du kennst schon einige Konstruktionen mit dem Pronomen **se** und einem Verb. Das entspricht in etwa dem unpersönlichen „man" im Deutschen.

En México **se come** mucho maíz.
*In Mexiko **wird** viel Mais **gegessen**.*
En esta región **se tejen** mantas bonitas.
*In dieser Region **werden** schöne Decken **gewoben**.*
Las mantas **se venden** muy bien.
*Die Decken **verkaufen sich** sehr gut.*

Diese Struktur mit **se** + Verb in der 3. Person Singular oder Plural heißt **pasiva refleja**. Ob das Verb dabei im Singular oder im Plural steht, richtet sich nach dem Bezugswort. Die **pasiva refleja** wird im Deutschen oft mit „man" oder mit dem Passiv wiedergegeben. Der Urheber der Handlung kann in dieser Konstruktion nicht angegeben werden.

Entre las islas de Tenochtitlan **se construyeron** canales y calles.
*Zwischen den Inseln Tenochtitlans **wurden** Kanäle und Straßen **gebaut**.*
Alrededor de Tenochtitlan había islas flotantes en las que **se cultivaban** verduras y flores.
*Um Tenochtitlan herum gab es schwimmende Inseln, auf denen Gemüse und Blumen **angebaut wurden**.*

Die **pasiva refleja** gibt es in allen Zeiten.

Es importante que **se ayude** a esas personas.
*Es ist wichtig, dass diesen Menschen **geholfen wird**.*

Handelt es sich bei dem Bezugswort um Personen mit der Präposition **a**, steht das Verb im Singular.

Reformula las frases utilizando la pasiva refleja en pretérito imperfecto. ▶ Soluciones, p. 50

1. En el mercado de Tenochtitlan (*cambiar*) un producto por otro.
2. En la cultura azteca (*hacer*) previsiones del futuro.
3. En el imperio azteca (*enseñar*) a los niños a ser buenos guerreros.
4. El nacimiento de un niño (*celebrar*) mucho.
5. Los campos flotantes (*usar*) para plantar verduras.
6. En Tenochtitlan había canchas donde (*jugar*) al tlachtli.

10 Der unpersönliche Ausdruck hace falta que + subjuntivo | La expresión impersonal hace falta que + subjuntivo ▶ U3 / A, p. 60

Es necesario que **estudies** para tus exámenes.
*Es ist nötig, dass du für deine Prüfungen **lernst**.*
Es importante que se **conozca** la historia de Tenochtitlan.
*Es ist wichtig, dass man die Geschichte von Tenochtitlan **kennt**.*

¡Acuérdate!
Du kennst bereits einige sogenannte unpersönliche Ausdrücke, die mit dem **subjuntivo** stehen.

Hace falta que el gobierno **mejore** el sistema de transporte público en Ciudad de México.
*Es ist erforderlich, dass die Regierung das öffentliche Nahverkehrsnetz in Mexiko-Stadt **verbessert**.*
Hace falta que las personas **respeten** las leyes.
*Es ist notwendig, dass die Leute das Gesetz **respektieren**.*

Der unpersönliche Ausdruck **hace falta que** („es ist notwendig, dass" oder „es ist erforderlich, dass") zieht ebenfalls den **subjuntivo** nach sich. Damit kannst du eine Notwendigkeit ausdrücken.

Hace falta que **hagamos** algo contra la contaminación.
*Es ist notwendig, dass wir etwas gegen die Luftverschmutzung **tun**.*

Si quieres estudiar en México no hace falta que **hables** náhuatl.
*Wenn du in Mexiko studieren willst, ist es nicht notwendig, dass du Nahuatl **sprichst**.*

Das Gleiche gilt auch, wenn der Satz verneint ist.

Completa las frases con la forma correcta del subjuntivo. ▶ Soluciones, p. 50
1. Hace falta que (*ir* / tú) menos en coche y que (*usar* / tú) más el transporte público.
2. Hace falta que (*ganar* / nosotros) el próximo partido.
3. Hace falta que se (*evitar*) la contaminación.
4. Hace falta que la gente (*producir*) menos basura.
5. Hace falta que vosotros también (*hacer*) algo para cuidar el medio ambiente.
6. Hace falta que (*beber* / ellos) suficiente agua.
7. No hace falta que se (*construir*) más edificios en este barrio.

11 Die Wendung soler + Infinitiv | La construcción soler + infinitivo ▶ U3 / A, p. 60

	soler	Infinitiv
[yo]	suelo	
[tú]	sueles	
[él/ella]	suele	estudiar
[nosotros/-as]	solemos	hacer
[vosotros/-as]	soléis	salir
[ellos/ellas]	suelen	

Mit **soler** + Infinitiv („gewohnt sein, zu + Infinitiv" bzw. „für gewöhnlich etwas tun") drückst du aus, was du normalerweise tust oder was regelmäßig geschieht.

3

Suelo estudiar bastante para los exámenes.
Normalerweise lerne ich ziemlich viel für die Prüfungen.
¿Qué **sueles hacer** cuando visitas a tus primos en Ciudad de México?
*Was **tust du so für gewöhnlich**, wenn du deine Cousins in Mexiko-Stadt besuchst?*
En México, uno no **suele aburrirse**; hay muchas cosas para hacer.
*In Mexiko **langweilt man sich für gewöhnlich** nicht; es gibt viel zu unternehmen.*
En mi familia no **solemos comer** mucha carne.
*In meiner Familie **essen wir normalerweise** nicht viel Fleisch.*

Im Deutschen gebraucht man dafür anstelle eines Verbs häufig das Adverb „normalerweise" oder „für gewöhnlich".

Antes se **solía leer** más.
*Früher **wurde für gewöhnlich** mehr **gelesen**.*
En Tenochtitlan, los sacerdotes **solían educar** a los niños.
*In Tenochtitlan **erzogen normalerweise** Priester die Kinder.*
En el mercado la gente **solía cambiar** un producto por otro.
*Auf dem Markt **tauschten** die Leute **für gewöhnlich** ein Produkt gegen ein anderes.*

Um zu sagen, was jemand in der Vergangenheit zu tun pflegte, verwendest du einfach die entsprechende Form von **soler** im **pretérito imperfecto**.

Reformula las frases con **soler** + infinitivo. ▶ Soluciones, p. 50
1. Normalmente leo bastante.
2. Laura casi siempre pasa sus vacaciones en México.
3. Normalmente mis amigos y yo no visitamos muchos museos.
4. En Tenochtitlan las chicas normalmente no iban a la escuela.
5. El mercado estaba siempre lleno de gente.
6. Para los aztecas era normal comer tortillas con relleno de insectos.

12 Die Wendungen estar a punto de + Infinitiv und quedarse + gerundio | Las construcciones estar a punto de + infinitivo y quedarse + gerundio ▶ U3 / B, p. 65

Ayer **volvimos a visitar** el Museo Nacional de Antropología.
*Gestern **haben wir noch einmal** das Museo Nacional de Antropología **besucht**.*
Los guerreros **acaban de regresar** a Tenochtitlan.
*Die Krieger **sind gerade** nach Tenochtitlan **zurückgekehrt**.*
Dos días después del terremoto, los rescatistas **siguen buscando** gente debajo de los escombros.
*Auch zwei Tage nach dem Erdbeben **suchen** die Rettungshelfer **weiterhin** nach Leuten unter den Trümmern.*

¡Acuérdate!
Du kennst bereits einige Wendungen, die aus einem konjugierten Verb und einer unpersönlichen Verbform (**gerundio** oder Infinitiv) bestehen. Dabei verliert das konjugierte Verb meistens seine Grundbedeutung, sodass du diese Wendungen nicht einfach Wort für Wort übersetzen kannst.

Los bomberos **están a punto de entrar** en el edificio.
*Die Feuerwehrleute **sind kurz davor**, das Gebäude **zu betreten**.*
Estamos a punto de empezar con el examen.
*Wir sind **kurz davor**, mit der Prüfung **anzufangen**.*
Oye, **estoy a punto de salir** de casa. Te llamo más tarde, ¿vale?
*Hör mal, **ich bin gerade auf dem Sprung**. Ich rufe dich später an, okay?*
El niño **está a punto de llorar**.
*Das Kind **ist kurz davor, loszuweinen**.*
Mis padres deben **estar a punto de llegar**.
*Meine Eltern müssen **jeden Augenblick kommen**.*

Mit der Wendung **estar a punto de** + Infinitiv bringst du zum Ausdruck, dass etwas kurz bevorsteht. Im Deutschen entspricht das „kurz davor sein, etwas zu tun".

¡Espera, Mario!

Estaba a punto de subirme al tren, cuando de repente escuché la voz de Emilio.
*Ich **war kurz davor**, in den Zug **einzusteigen**, als ich auf einmal Emilios Stimme hörte.*

Du kannst **estar a punto de** + Infinitiv auch in der Vergangenheit nutzen. Dafür bildest du einfach die entsprechende Form von **estar**.

Los sábados siempre **nos quedamos viendo** la tele hasta tarde.

*Samstags **sehen wir** immer bis spät fern.*

En el centro, los turistas pueden **quedarse observando** a la gente durante horas sin aburrirse.

*Im Zentrum können Touristen stundenlang die Leute **beobachten**, ohne dass ihnen langweilig wird.*

¡No **te quedes esperando** ahí, ven a ayudarme!

*__Steh__ da nicht **ewig rum**; komm und hilf mir!*

Eine weitere Wendung ist **quedarse + gerundio**. Du brauchst sie, um die Dauer einer Handlung zu betonen bzw. um auszudrücken, dass etwas über einen längeren Zeitraum geschieht. Die Wendung steht oft zusammen mit einer Zeitangabe, die die Dauer der Handlung genauer definiert, z. B. **durante horas** („stundenlang"), **todo el día** („den ganzen Tag lang") etc.

Cuando vuelvo de Ciudad de México a mi pueblo, siempre **me quedo mirando** por la ventana del autobús durante horas.

*Wenn ich aus Mexiko-Stadt in mein Dorf zurückfahre, **schaue ich** immer stundenlang durch das Busfenster.*

Ayer **nos quedamos estudiando** todo el día para el examen.

*Gestern **haben wir** den ganzen Tag lang für die Prüfung **gelernt**.*

Hoy **me he quedado pensando** sobre mi futuro.

*Heute **habe ich eine ganze Weile** über meine Zukunft **nachgedacht**.*

Seguro que los alumnos **se quedarán buscando** información sobre Tenochtitlan toda la noche.

*Bestimmt **werden** die Schüler heute die ganze Nacht lang Informationen über Tenochtitlan **recherchieren**.*

Auch diese Wendung kannst du in den verschiedenen Zeiten verwenden. Dafür konjugierst du das Verb **quedarse** entsprechend.

> Lerne diese Wendungen beim Vokabellernen als zusammenhängende Strukturen.

Completa las frases con **quedarse** + gerundio o **estar a punto de** + infinitivo en presente.

▶ Soluciones, p. 51

1. El trolebús (*llegar*).
2. Las clases (*empezar*).
3. A menudo, los rescatistas (*buscar*) a desaparecidos entre los escombros durante días.
4. Hemos ahorrado bastante y ahora finalmente (*comprar*) nuestros billetes a México.
5. Cuando vamos al centro, mis amigos y yo (*ver*) las cosas en las tiendas durante horas.
6. Cuando María visita a su familia, siempre (*comer*), (*charlar*) y (*reír*) juntos toda la tarde.
7. El padre (*esperar*) a sus hijos hasta tarde.
8. (*Irse* / yo) a la cama.

Hier kannst du überprüfen, was du in der Unidad 3 gelernt hast. Diese Aufgaben kannst du mithilfe des Webcodes bisaco unter www.cornelsen.de/codes herunterladen und ausfüllen.

1 Completa las frases con la forma correcta del pretérito imperfecto o del pretérito indefinido.

1. Como antes no se (*conocer*) la ruta a Asia, muchos marineros (*tener*) miedo y no (*querer*) hacer el viaje con Colón.
2. Algunos también (*creer*) en monstruos que (*vivir*) en el mar.
3. Finalmente, algunos marineros (*aceptar*) participar en el viaje porque (*querer*) volverse ricos.
4. (*Tener* / ellos) varios problemas durante el viaje y por eso (*alegrarse*) mucho cuando por fin (*ver*) tierra.
5. Cuando los aztecas (*ver*) a los españoles por primera vez, los (*recibir*) bien.
6. Millones de indígenas (*morir*) debido a las enfermedades de los europeos, que antes no (*existir*) allí.

2 Decide cuál es la forma correcta de la pasiva refleja.

1. En el centro de Ciudad de México **se ve** / **se ven** muchos puestos ambulantes.
2. Allí **se suele** / **se suelen** comer muy bien.
3. Después del terremoto **se atendió** / **se atendieron** a los heridos.
4. Es importante que **se ayude** / **se ayuden** a las personas que perdieron sus casas.
5. Para que una sociedad funcione, es importante que **se respete** / **se respeten** las leyes.

3 Reformula los imperativos en frases con hace falta que + subjuntivo.

1. Usa menos el coche y ayuda a mantener la ciudad limpia.
2. Conoced mejor la ciudad en la que vivís.
3. Ten cuidado cuando regresas a casa por la noche.
4. Saca una buena nota en el próximo examen.
5. Duerme bastante la noche antes del examen.
6. Haced más deporte y comed comida saludable.

4 ¿Cómo lo dices en español? Utiliza soler + infinitivo / quedarse + gerundio / estar a punto de + infinitivo.

1. *Die Rettungshelfer sind kurz davor, die Trümmer des Erdbebens zu entfernen.*
2. *Wir schauten uns das Ritual den ganzen Tag lang an.*
3. *Ich nehme normalerweise das Rad, um zur Schule zu fahren.*
4. *Gestern habe ich bis spät gelesen.*
5. *Meine Großeltern kommen gleich mit dem Zug an.*

5 Gramática combinada. Un taxista cuenta sus experiencias. Completa las palabras.

Bueno… ¡No van a creer l[...] grande q[...] es Ciudad de México! Llevo 20 años trab[...] como taxista. Mi trabajo su[...] ser un poco estresante. ¡No saben l[...] llenas q[...] están las calles en la hora pico! Los viajes a esa hora su[...] durar mucho más. Acabo de lle[...] a una cliente a su casa y voy a hacer una pausa. A veces platico con algunos colegas; sol[...] contarnos historias divertidas sobre nuestros clientes. Otras veces m[...] quedo le[...] el periódico en el coche. Cuando llega un cliente, vu[...] a trabajar. Su[...] llegar a casa muy tarde. A veces, mi hija se qu[...] esperándome para platicar un rato. Otras veces ya está a punto de ir[...] a dormir cuando llego. Ella es rescatista – ¡no saben l[...] orgulloso q[...] soy de ella! Bueno, acaba de ll[...] un cliente, me tengo que ir.

13 Konzessive, restriktive und konditionale Konnektoren | Los conectores concesivos, restrictivos y condicionales ▶ U4 / ¡Acércate!, p. 78

Salí de mi país **porque** allí no encontraba trabajo.
*Ich habe mein Land verlassen, **weil** ich dort keine Arbeit fand.*
En mi país no pude encontrar trabajo, **por eso** emigré.
*In meinem Land konnte ich keine Arbeit finden, **deswegen** bin ich ausgewandert.*
Además, siempre quise conocer otras culturas y vivir un tiempo fuera. **Sin embargo**, empezar una nueva vida en otro país no es fácil.
***Außerdem** wollte ich schon immer andere Kulturen kennenlernen und eine Zeit lang im Ausland leben. **Trotzdem** ist es nicht leicht, ein neues Leben im Ausland zu beginnen.*

¡Acuérdate!
Du kennst bereits mehrere Konjunktionen, die bestimmte Funktionen im Satz erfüllen. So gibt es zum Beispiel kausale Konjunktionen wie **porque** („weil"), mit denen du den Grund von etwas ausdrücken kannst. Mit konsekutiven Konnektoren wie **por eso** („deswegen") drückst du eine Folge aus. Des Weiteren kennst du Konnektoren wie **además** („außerdem") oder **sin embargo** („trotzdem"), die oft am Satzanfang stehen.

En cierta medida, se puede decir que las experiencias de la mayoría de los inmigrantes en su nuevo país son parecidas.
*In **gewissem Maße** kann man sagen, dass sich die Erfahrungen der meisten Immigranten in ihrem neuen Land ähneln.*
Vivir en el extranjero es una experiencia interesante. **Aun así**, no siempre es fácil.
*Im Ausland zu leben ist eine interessante Erfahrung. **Trotzdem** ist es nicht immer leicht.*

Mit **en cierta medida** („in gewisser Hinsicht" oder „in gewissem Maße") und **aun así** („trotzdem") kannst du eine Einschränkung zum Ausdruck bringen.

Es una buena idea guardar un poco de dinero cada mes **por si** en algún momento lo necesitas.
*Es ist eine gute Idee, jeden Monat etwas Geld aufzubewahren **für den Fall, dass** du es irgendwann einmal brauchst.*
Yo me mudaría a otro país, **con tal de que** allí encuentre trabajo.
*Ich würde in ein anderes Land ziehen, **vorausgesetzt dass** ich dort Arbeit finde.*

Mit den Konjunktionen **por si** („für den Fall, dass") und **con tal de que** („vorausgesetzt dass") kannst du Bedingungen ausdrücken.
Con tal de que steht immer mit dem **subjuntivo**.

Said siempre hace sus deberes **antes de que** sus padres lleguen a casa.
*Said macht immer seine Hausaufgaben, **bevor** seine Eltern nach Hause kommen.*
Siempre que Tito recibe visita, prepara una tortilla.
***Immer wenn** Tito Besuch bekommt, macht er eine Tortilla.*
En cuanto Ibrahím perdió su puesto, él y su mujer empezaron a pensar en alternativas.
***Sobald** Ibrahím seine Stelle verlor, begannen er und seine Frau über Alternativen nachzudenken.*

Um zeitliche Bezüge auszudrücken, kannst du die Konjunktionen **antes de que + subjuntivo** („bevor"), **siempre que** („immer wenn") und **en cuanto** („sobald") verwenden.

Todavía no tengo mucha información. **En cuanto sepa** más detalles, te llamo.

Vale, gracias.

Soluciones, p. 51

Wenn **en cuanto** sich auf die Zukunft bezieht, steht es mit dem **subjuntivo**. Das kennst du schon von der Konjunktion **cuando** („wenn").

Ibrahím y su familia echan de menos varias cosas de su país de origen, **concretamente** la comida.
Ibrahím und seine Familie vermissen einige Dinge aus ihrem Herkunftsland, konkret das Essen.
Los habitantes de siempre y los nuevos trabajan juntos para que las cosas en el pueblo funcionen. **En otras palabras**, todos hacen su parte.
Die ursprünglichen und die neuen Einwohner arbeiten zusammen, damit die Dinge im Dorf funktionieren. Mit anderen Worten: Jeder trägt seinen Teil bei.
Hay muchas regiones en España que se están quedando sin habitantes. **De hecho**, es un problema no solo en España.
Viele Regionen in Spanien verlieren mehr und mehr Einwohner. Tatsächlich ist das nicht nur in Spanien ein Problem.

Mit den Konnektoren **concretamente** („konkret"), **en otras palabras** („mit anderen Worten") und **de hecho** („tatsächlich", „in der Tat" bzw. „eigentlich") kannst du Sachverhalte näher erklären.

De hecho wird genauso verwendet wie das Adverb *actually* im Englischen.

Completa las frases con los conectores **aun así**, **con tal de que**, **antes de que**, **siempre que** o **de hecho**.
▶ Soluciones, p. 51
1. Ibrahím y su mujer irán a vivir a un pueblo [...] encuentren trabajo allí.
2. Said se acuerda de Túnez [...] escucha a alguien hablar en árabe.
3. Ibrahím y su familia sabían que vivir en un pueblo pequeño es muy diferente. [...] tomaron la decisión de intentarlo.
4. Los padres de Ibrahím quieren aprovechar para visitarlo y conocer Madrid [...] se mude a otro lugar.
5. Gracias a los inmigrantes, los pueblos se están llenando de vida nuevamente. [...], sin ellos muchas cosas en los pueblos no funcionarían.

14 Die Verben **ser** und **estar** + Adjektiv | Los verbos **ser** y **estar** + adjetivo ▶ U4 / A, p. 82

El primer día en la escuela nueva, Neyla y Said **estaban nerviosos**.
*Am ersten Tag in der neuen Schule **waren** Neyla und Said **nervös**.*
Hoy el alcalde del pueblo **está alegre** porque hay una fiesta.
*Heute **ist** der Bürgermeister **fröhlich**, weil es eine Feier gibt.*
Fátima **es divertida** e **inteligente**.
*Fátima **ist lustig** und **intelligent**.*
La llegada de gente joven **es importante** para la supervivencia de pueblos como Matalebreras.
*Die Ankunft von jungen Leuten **ist wichtig** für das Überleben von Dörfern wie Matalebreras.*

Im Spanischen gibt es zwei Verben für das deutsche „sein": **ser** und **estar**.
Willst du einen vorübergehenden Zustand beschreiben, verwendest du **estar** + Adjektiv. Um eine dauerhafte Eigenschaft anzugeben, verwendest du **ser** + Adjektiv.

4

Estoy aburrida.
Mir ist langweilig.
¿La vida en el campo no **es aburrida**?
***Ist** das Leben auf dem Land nicht **langweilig**?*
¿Qué **están** haciendo los niños? **Están** tan **tranquilos**...
*Was machen die Kinder? Sie **sind (gerade)** so **ruhig** ...*
La gente de Matalebreras **es tranquila**.
*Die Leute in Matalebreras **sind entspannt**.*

Viele Adjektive werden in der Regel entweder mit **ser** oder mit **estar** gebraucht (z. B. **ser inteligente**, **ser importante**, aber **estar cansado/-a** oder **estar contento/-a**). Manche Adjektive können auch mit beiden Verben gebraucht werden, je nachdem, ob sie in dem jeweiligen Zusammenhang eine Eigenschaft oder einen vorübergehenden Zustand beschreiben.

Completa las frases con la forma correcta de **ser** o **estar** en presente. ▶ Soluciones, p. 51
1. El alcalde [**...**] orgulloso porque a los nuevos habitantes les parece bonito el pueblo.
2. Ahora el pueblo [**...**] lleno de familias jóvenes.
3. Ibrahím y su familia, por ejemplo, [**...**] originarios de Túnez, pero ahora viven en Matalebreras.
4. La vida en Matalebreras [**...**] mucho más tranquila que la vida en Túnez.
5. Sus hijos [**...**] contentos con la vida en el pueblo.
6. El pueblo [**...**] pequeño, pero bonito y los habitantes [**...**] muy simpáticos.

15 Die Verben **llevar** und **traer** | Los verbos **llevar** y **traer** ▶ U4 / B, p. 87

¿Puedes **venir** un momento?

Sí, ya **voy**.

¡Acuérdate!
Du kennst bereits die Verben **ir** („gehen") und **venir** („kommen"). Sie werden im Spanischen etwas anders verwendet als im Deutschen: **ir** drückt eine Bewegung aus, die sich vom Ort des Sprechers entfernt, während **venir** eine Bewegung zum Ort des Sprechenden hin ausdrückt.

—Perdone, ¿ustedes también tienen comida para **llevar**?
*– Entschuldigung, haben Sie auch Essen zum **Mitnehmen**?*
—No, lo siento. Solo para comer aquí…
– Nein, tut mir leid. Nur zum hier Essen …
¿Habéis **traído** vuestros libros?
*Habt ihr eure Bücher **mitgebracht**?*
—Oye, ¿tengo que **llevar** algo a tu fiesta?
*– Soll ich etwas zu deiner Party **mitbringen**?*
—Sí, puedes **traer** bebidas. ¡Sería genial!
*– Ja, du kannst Getränke **mitbringen**. Das wäre super!*

Für die Verben **llevar** und **traer**, die beide das deutsche Wort „bringen" ausdrücken können, gilt derselbe Unterschied wie für die Verben **ir** und **venir**:
– **llevar** = etwas wird vom Ort des Sprechers weggebracht;
– **traer** = etwas wird zum Ort des Sprechers hingebracht.
Das Verb **llevar** entspricht also der Bewegungsrichtung von **ir** und **traer** derjenigen von **venir**.

Vas al centro, ¿no? ¿Me puedes **llevar**?

Claro.

Für „jemanden mitnehmen" verwendest du **llevar**.

Los inmigrantes de otros países **trajeron** también sus tradiciones gastronómicas.
*Die Einwanderer aus anderen Ländern **brachten** auch ihre gastronomischen Traditionen **mit**.*

Denke daran, dass **traer** im **pretérito indefinido** unregelmäßig ist: **yo traje, tú trajiste**, etc.

Decide si hay que utilizar **llevar** o **traer**. ▶ Soluciones, p. 51
1. Oye, ¿me puedes **llevar**/**traer** el libro que te presté? ¿O todavía no lo has terminado?
2. ¿Por qué no **llevas**/**traes** una paella a la fiesta de Isabel? Siempre te quedan tan ricas…
3. Hoy no puedo quedar contigo. Tengo que **llevar**/**traer** a mi hermanito al entrenamiento.
4. Mamá, ¿puedes **llevar**/**traer** una pizza cuando vengas del trabajo? No tengo ganas de cocinar…
5. —Oye, ¿ya vienes? —Sí, ya estoy en el metro y estoy **llevando**/**trayendo** una sorpresa para ti.

16 Das Passiv | La voz pasiva ▶ U4 / B, p. 87

> Para cultivar arroz **se necesita** mucha agua.
> *Um Reis anzubauen, **wird** viel Wasser **benötigt**.*

> **¡Acuérdate!**
> Um einen Satz im Passiv zu formulieren, kennst du bereits die **pasiva refleja** (→ Nr. 9).

Bezugswort/Subjekt	**ser**	Partizip
El maíz	es	cultivad**o**.
La comida	es	preparad**a**.
Los problemas	son	solucionad**os**.
Las casas	son	construid**as**.

Das eigentliche Passiv, die **voz pasiva**, wird fast ausschließlich in der Schriftsprache verwendet. Es wird mit einer Form von **ser** + Partizip gebildet und entspricht dem deutschen Passiv mit „werden + Partizip". Dabei musst du das Partizip in Geschlecht und Numerus an das Subjekt angleichen.

4

> La paella es preparada **por** toda la familia.
> *Die Paella wird **von** der ganzen Familie zubereitet.*
> La excursión fue organizada **por** los profesores.
> *Der Ausflug wurde **von** den Lehrern organisiert.*

Im Unterschied zur **pasiva refleja** kann in der **voz pasiva** auch der Urheber der Handlung genannt werden. Dazu verwendest du die Präposition **por**, die in diesem Kontext „von" oder „durch" bedeutet.

> Hoy en día, la paella **es preparada** prácticamente en todas las regiones de España.
> *Heutzutage **wird** die Paella praktisch in allen Regionen Spaniens **zubereitet**.*
> El azafrán y otros ingredientes que **son usados** en la preparación de la paella, **fueron introducidos** en España por los árabes.
> *Safran und andere Zutaten, die bei der Zubereitung der Paella **verwendet werden**, **wurden** durch die Araber in Spanien **eingeführt**.*
> Antes, la fiesta del pueblo **era organizada** por el alcalde, pero a partir de este año **será organizada** por los habitantes.
> *Früher **wurde** das Dorffest vom Bürgermeister **organisiert**, aber ab diesem Jahr wird es von den Bewohnern **organisiert werden**.*

Die **voz pasiva** kann in allen Zeiten verwendet werden. Dafür konjugierst du einfach das Verb **ser** in der entsprechenden Zeit.

> Es ist gut, die **voz pasiva** zu beherrschen; im mündlichen Sprachgebrauch verwendest du aber besser die **pasiva refleja**.

¿Cómo lo dices en español? Utiliza la voz pasiva. ▶ Soluciones, p. 51
1. *Die Gnocchi wurden von den italienischen Einwanderern nach Argentinien gebracht.*
2. *Espanglish wird von Millionen US-Amerikanern gesprochen.*
3. *Viele Traditionen wurden von den Einwanderern in Europa eingeführt.*
4. *Das Auto wurde von der Firma gemietet.*
5. *Welche Zutaten werden in der spanischen Küche verwendet?*
6. *Als sie im Dorf ankamen, wurden Ibrahim und seine Familie vom Bürgermeister empfangen.*

Hier kannst du überprüfen, was du in der Unidad 4 gelernt hast. Diese Aufgaben kannst du mithilfe des Webcodes bisaco unter www.cornelsen.de/codes herunterladen und ausfüllen.

1 Completa las frases con los conectores **antes de que**, **siempre que**, **aun así**, **en cierta medida**, **por si**, **concretamente** y **de hecho**.

1. [...] vamos a Valencia, comemos una paella valenciana. Es una tradición en mi familia.
2. [...] se puede decir que comer paella en España es un evento social.
3. Muchos emigrantes italianos buscaron una vida mejor en el Cono Sur, [...] en Argentina y Uruguay.
4. [...] empiece a preparar la paella, tenemos que comprar algunos ingredientes, ¿vale?
5. La paella es el plato más conocido de España. [...], sus ingredientes no son únicamente españoles.
6. [...], la paella es el resultado de una mezcla de ingredientes de diferentes orígenes.
7. [...] un día viajas a Uruguay o Argentina, no te sorprendas si ves a la gente poniendo monedas debajo de su plato de ñoquis.

2 **¿Estar** o **ser**? Decide cuál es el verbo correcto.

1. El alcalde **es** / **está** seguro de que el programa del gobierno es una solución para la despoblación.
2. Ibrahím y su familia **eran** / **estaban** un poco nerviosos cuando llegaron al pueblo.
3. «¿**Será** / **Estará** buena la vida en el pueblo?» se preguntaban.
4. Con el tiempo también los habitantes escépticos han comprendido que la migración **es** / **está** importante para la región.
5. Hoy en la fiesta todos **son** / **están** alegres.
6. Ibrahím **es** / **está** un poco cansado porque ha trabajado todo el día.

3 ¿Como es la fiesta de Matalebreras? Completa las frases y utiliza la voz pasiva.

1. Toda la gente del pueblo (*invitar*) a la fiesta.
2. Los platos típicos de la región (*preparar*) para los nuevos habitantes.
3. Otras comidas (*llevar*) a la fiesta por los inmigrantes para que todos conozcan un poco de su cultura.
4. En cierta medida, en la fiesta los nuevos habitantes (*introducir*) en la vida social del pueblo.
5. Muchas historias (*contar*) durante la fiesta.
6. La fiesta del pueblo (*considerar*) por todos los habitantes uno de los mejores días del año.

4 **Gramática combinada.** Sara vive en Madrid, pero a veces visita a sus padres en Matalebreras. ¿Qué cuenta? Completa el texto con las letras que faltan.

Cuando voy al pueblo de mis padres, siempre ll[...] algunos ingredientes para nuestra paella. Es que algunas cosas s[...] difíciles de encontrar en el pueblo, por eso, mis padres siempre me dicen: «¡No te olvides de tr[...] las cosas para la paella!» Por si no lo sabéis, la paella e[...] considerada el plato más conocido de España. Y en casa de mis padres es pre[...] por toda la familia. Pero antes llamamos a mi tío para que venga y tr[...] también a mi abuela. A veces, los vecinos también son inv[...] a comer con nosotros. Normalmente ellos tr[...] las bebidas. El «día de la paella», como lo llamamos, e[...] siempre muy divertido: todos e[...] de buen humor. Más tarde, todos ll[...] un poco de paella a casa, pues siempre sobra[1]. ¡E[...] genial!

1 sobrar *übrig bleiben*

17 Das imperfecto de subjuntivo | El imperfecto de subjuntivo ▶ **M1, p. 104**

Espero que Yela lo **pase** bien en Ciudad de México.
*Ich hoffe, dass es Yela in Mexiko-Stadt gut **ergeht**.*
No queremos que **llegues** tan tarde a casa.
*Wir wollen nicht, dass du so spät nach Hause **kommst**.*
La abuela de Yela tiene miedo de que ella se **pierda**.
*Yelas Oma hat Angst, dass sie sich **verläuft**.*
Me sorprende que no te **intereses** por tus antepasados.
*Es überrascht mich, dass du dich nicht für deine Vorfahren **interessierst**.*
Es importante que no **olvidemos** nuestras tradiciones.
*Es ist wichtig, dass wir unsere Traditionen nicht **vergessen**.*

¡Acuérdate!
Du kennst bereits das **presente de subjuntivo**, das du zum Ausdruck von Wünschen, Zielen, Absichten, Gefühlen sowie nach unpersönlichen Ausdrücken in der Gegenwart verwendest.
Es steht nach bestimmten „Auslösern" wie **esperar que**, **querer que**, **es importante que** etc.

	fundar *gründen*	comer *essen*	salir *hinausgehen*
3. Pers. Pl. indefinido	fundar~~on~~	comier~~on~~	salier~~on~~
[yo]	fundar**a**	comier**a**	salier**a**
[tú]	fundar**as**	comier**as**	salier**as**
[él/ella]	fundar**a**	comier**a**	salier**a**
[nosotros/-as]	fundár**amos**	comiér**amos**	saliér**amos**
[vosotros/-as]	fundar**ais**	comier**ais**	salier**ais**
[ellos/-as]	fundar**an**	comier**an**	salier**an**

Um von Wünschen, Gefühlen etc. in der Vergangenheit zu erzählen, benötigst du das **imperfecto de subjuntivo**, also die Vergangenheitszeit des **subjuntivo**.
Es wird auf Basis der 3. Person Plural des **pretérito indefinido** gebildet. Anstelle der Endung **-on** fügst du die Personalendungen **-a**, **-as**, **-a**, **-amos**, **-ais**, **-an** an.

> **i!** Achte darauf, dass die 1. Person Plural einen Akzent auf der drittletzten Silbe trägt.

	3. Pers. Pl. indefinido	**imperfecto de subjuntivo**
dar	dier~~on~~	diera, dieras, ...
decir	dijer~~on~~	dijera, dijeras, ...
estar	estuvier~~on~~	estuviera, estuvieras, ...
hacer	hicier~~on~~	hiciera, hicieras, ...
haber	hubier~~on~~	hubiera, hubieras, ...
ir/ser	fuer~~on~~	fuera, fueras, ...
poner	pusier~~on~~	pusiera, pusieras, ...
querer	quisier~~on~~	quisiera, quisieras, ...
saber	supier~~on~~	supiera, supieras, ...
tener	tuvier~~on~~	tuviera, tuvieras, ...

Die Bildungsregel des **imperfecto de subjuntivo** gilt sowohl für regelmäßige als auch für unregelmäßige Verben, d. h. die Verben mit einem unregelmäßigen Stamm im **pretérito indefinido** behalten diese Unregelmäßigkeit bei. Die Endungen sind aber stets die gleichen.

	3. Pers. Pl. indefinido	imperfecto de subjuntivo
venir (e → i)	vinieron	viniera, vinieras, ...
pedir (e → i)	pidieron	pidiera, pidieras, ...
poder (o → u)	pudieron	pudiera, pudieras, ...
dormir (o → u)	durmieron	durmiera, durmieras, ...
leer (-y-)	leyeron	leyera, leyeras, ...
creer (-y-)	creyeron	creyera, creyeras, ...
traer (-j-)	trajeron	trajera, trajeras, ...

Das gilt auch für Verben, die eine andere Besonderheit im **pretérito indefinido** aufweisen, z. B. einen Stammvokalwechsel oder ein **-y-** oder **-j-** zwischen zwei Vokalen.

Colón quería que la Reina Isabel **pagara** su viaje.
*Kolumbus wollte, dass Königin Isabel seine Reise **bezahlt**.*
Los Reyes esperaban que Cortés **descubriera** oro en Tenochtitlan.
*Die Könige hofften, dass Cortés in Tenochtitlan Gold **entdecken würde**.*
Los españoles no contaban con que Tenochtitlan **fuera** tan grande.
*Die Spanier rechneten nicht damit, dass Tenochtitlan so groß **sein würde**.*
Me sorprendió que los aztecas **recibieran** tan bien a los españoles.
*Es hat mich überrascht, dass die Azteken die Spanier so freundlich **empfangen haben**.*

Das imperfecto de subjuntivo ist die Vergangenheitsform des subjuntivo.

Wenn du von Gefühlen wie Überraschungen, Wünschen, Hoffnungen, Ängsten etc. in der Vergangenheit sprichst, verwendest du anstelle des **presente de subjuntivo** das **imperfecto de subjuntivo**.
Die „Auslöser" sind die gleichen. Auch sie stehen in diesem Fall in einer Vergangenheitszeit.

A Yela no le molestaría que su abuela **viviera** con ella.
*Yela würde es nicht stören, wenn ihre Oma bei ihr **wohnen würde**.*
Seguro que a nuestros antepasados les gustaría que **conserváramos** sus tradiciones.
*Bestimmt würde es unseren Vorfahren gefallen, dass wir ihre Traditionen **bewahren**.*

Auch wenn die „Auslöser" im **condicional** stehen, steht das folgende Verb im **imperfecto de subjuntivo**.

¿Sí?

–Hola, **quisiera** hablar con Yela, por favor.
*– Hallo, **ich würde bitte gerne** mit Yela sprechen.*

Mit der Form **quisiera** (des Verbs **querer**) kannst du auch eine höfliche Bitte zum Ausdruck bringen.

Si **tuviera** más dinero, **viajaría** a Chiapas cada año.
*Wenn ich mehr Geld **hätte**, **würde** ich jedes Jahr nach Chiapas reisen.*
Si el aire **estuviera** menos contaminado, **disfrutaría** más de mi vida en Ciudad de México.
*Wenn die Luft weniger verschmutzt **wäre**, **würde** ich das Leben in Mexiko-Stadt mehr **genießen**.*

Außerdem wird das **imperfecto de subjuntivo** in irrealen Bedingungssätzen der Gegenwart verwendet. Dabei steht im Nebensatz mit **si** („wenn") immer das **imperfecto de subjuntivo** und im Hauptsatz der **condicional**.

Forma primero la tercera persona plural del pretérito indefinido y después el imperfecto de subjuntivo.
▶ Soluciones, p. 52
Ejemplo: tener dinero [yo] → tuvieron dinero → tuviera dinero

1. viajar a México [yo]
2. ser simpático/-a [ellas]
3. darme tu número [tú]
4. dominar un gran territorio [ellos]
5. hablar bien quechua [nosotros]
6. ponerse el traje tradicional [yo]
7. salir a bailar [ella]
8. saber todo [vosotras]
9. conocer el futuro [tú]

M1

---

18 Das pluscuamperfecto de subjuntivo | El pluscuamperfecto de subjuntivo ▶ M1, p. 104

he había	compr**ado** com**ido** recib**ido** **hecho** **dicho** **visto** **abierto**

¡Acuérdate!
Du weißt bereits, wie man das Partizip bildet und du kennst auch die Partizipien der unregelmäßigen Verben.
Außerdem kennst du zwei Zeiten, die mit dem Partizip gebildet werden: das **pretérito perfecto** und das **pretérito pluscuamperfecto**.

	haber (en imperfecto de subjuntivo)	Partizip
[yo]	hubiera	compr**ado** com**ido** recib**ido** **hecho** **dicho** **visto** **abierto** ...
[tú]	hubieras	
[él/ella]	hubiera	
[nosotros/-as]	hubiéramos	
[vosotros/-as]	hubierais	
[ellos/-as]	hubieran	

Eine weitere Vergangenheitszeit, die mit dem Partizip gebildet wird, ist das **pluscuamperfecto de subjuntivo**. Du benötigst es, um eine irreale Bedingung in der Vergangenheit auszudrücken, d. h. eine Bedingung, die nicht erfüllt wurde. Das **pluscuamperfecto de subjuntivo** wird mit dem Hilfsverb **haber** im **imperfecto de subjuntivo** sowie dem Partizip des Vollverbs gebildet.

Si el año pasado **hubiéramos viajado** a México, ...
*Wenn wir letztes Jahr nach Mexiko **gereist wären**, ...*
Si me **hubieras dicho** la verdad, ...
*Wenn du mir die Wahrheit **gesagt hättest**, ...*
Si los Reyes no **hubieran pagado** el viaje de Colón, ...
*Wenn die Könige Kolumbus' Reise nicht **bezahlt hätten**, ...*

Um eine irreale bzw. unerfüllte Bedingung in der Vergangenheit auszudrücken, verwendest du **si** („wenn") + **pluscuamperfecto de subjuntivo**.

¿Cómo lo dirías en español? Formula los comienzos de las frases. ▶Soluciones, p. 52
1. *Wenn ich nicht so viel Angst gehabt hätte, ...*
2. *Wenn Kolumbus den Weg nach Amerika nicht gefunden hätte, ...*
3. *Wenn ihr den Film nicht gesehen hättet, ...*
4. *Wenn die Party nicht so lustig gewesen wäre, ...*
5. *Wenn du mich nicht angerufen hättest, ...*
6. *Wenn wir uns vor einem Monat kennengelernt hätten, ...*

19 Der condicional compuesto | El condicional compuesto ▶ M1, p. 104

Seguro que Yela nos **ayudaría**.
*Bestimmt **würde** Yela uns **helfen**.*
¿Qué **dirían** tus amigos?
*Was **würden** deine Freunde **sagen**?*

¡Acuérdate!
Du kennst bereits den **condicional simple**
(→ Nr. 4), mit dem du ausdrücken kannst, was
jemand (nicht) tun würde.

	haber (en condicional)	Partizip
[yo]	habría	comp**rado**
		com**ido**
		recib**ido**
[tú]	habrías	
[él/ella]	habría	**hecho**
		dicho
[nosotros/-as]	habríamos	**visto**
[vosotros/-as]	habríais	**abierto**
[ellos/-as]	habrían	...

Während sich der **condicional simple** auf die Gegenwart bezieht, bezieht sich der **condicional compuesto** auf die Vergangenheit.
Er wird mit dem Hilfsverb **haber** im **condicional** und dem Partizip des Vollverbs gebildet.

Yo nunca me **habría subido** al barco de Colón.
*Ich **wäre** niemals in Kolumbus' Schiff **eingestiegen**.*
Habría tenido demasiado miedo.
*Ich **hätte** zu viel Angst **gehabt**.*
Sin el apoyo de los Reyes, tal vez Colón se **habría quedado** en casa.
*Ohne die Unterstützung der Könige **wäre** Kolumbus vielleicht zuhause **geblieben**.*
¿Qué **habríais hecho** vosotros en mi lugar?
*Was **hättet** ihr an meiner Stelle **getan**?*
¿Viajaste en avión? Yo **habría ido** en tren...
*Bist du geflogen? Ich **wäre** mit dem Zug **gefahren** ...*

Mit dem **condicional compuesto** drückst du aus, was jemand (nicht) getan hätte.

Reformula las frases y utiliza el condicional compuesto. ▶Soluciones, p. 52
1. ¿Qué harías tú en mi lugar?
2. Nosotras te ayudaríamos.
3. ¿No hablaríais con él?
4. Yo intentaría encontrar una solución.
5. Ellos no dirían nada.
6. Él no saldría solo.

20 Der irreale Bedingungssatz der Vergangenheit | La oración condicional irreal en pasado ▶ M1, p. 104

¿Qué habría pasado si Colón nunca hubiera llegado a América?

Den irrealen Bedingungssatz der Vergangenheit verwendest du, um zu sagen, was unter anderen Umständen in der Vergangenheit geschehen wäre.

Si los mayas no **hubieran sido** excelentes astrónomos, no **habrían desarrollado** un calendario solar de exactamente 365 días.
*Wenn die Mayas keine hervorragenden Astronomen **gewesen wären**, **hätten** sie keinen Sonnenkalender mit genau 365 Tagen **entwickelt**.*
Si los aztecas no **hubieran tenido** tantos enemigos, tal vez otros pueblos los **habrían ayudado**.
*Wenn die Azteken nicht so viele Feinde **gehabt hätten**, **hätten** andere Völker ihnen vielleicht **beigestanden**.*
Mi profesor no se **habría enfadado** conmigo **si** yo no **hubiera olvidado** la presentación sobre los incas.
*Mein Lehrer **hätte** sich nicht über mich **geärgert**, wenn ich nicht die Präsentation über die Incas **vergessen hätte**.*

M1

Zur Bildung des irrealen Bedingungssatzes der Vergangenheit brauchst du einen Nebensatz mit **si + pluscuamperfecto de subjuntivo** und einen Hauptsatz mit dem **condicional compuesto** (→ Nr. 18, 19).

Nebensatz	Hauptsatz
Si + pluscuamperfecto de subjuntivo	**condicional compuesto**

i!

Si hubiera estudiado más para el examen, (ahora) no **estaría** tan nerviosa.
*Wenn ich mehr für die Klausur gelernt hätte, **wäre** ich (jetzt) nicht so nervös.*

Aber: Wenn sich der Hauptsatz auf die Gegenwart bezieht, steht im Hauptsatz anstelle des **condicional compuesto** der einfache **condicional simple** (→ Nr. 4).

Completa las oraciones condicionales irreales en pasado.   ▶ Soluciones, p. 52
1. Si *(leer / yo)* más sobre los incas, *(recordar / yo)* los nombres de sus dioses ayer en el examen.
2. Los incas no *(construir)* ciudades como Machu Picchu si no *(ser)* grandes arquitectos.
3. Si Colón no *(llegar)* a América en 1492, probablemente otros europeos *(llegar)* más tarde.
4. La historia de América Latina *(ser)* diferente si los europeos no *(conquistar)* el continente.
5. Si ella no *(visitar)* a su abuela en Chiapas, no *(escuchar)* tantas historias sobre sus antepasados.

21 Die indirekte Rede in der Vergangenheit | El estilo indirecto en pasado ▶ M2, p. 108

¡Acuérdate!
Du kennst bereits die indirekte Rede und Frage in der Gegenwart, mit der du Äußerungen einer anderen Person wiedergibst.

presente → pretérito imperfecto
Said: «**Quiero** visitar los Jardines del Alcázar.»
→ Said <u>dijo que</u> **quería** visitar los Jardines del Alcázar.
*Said: „Ich **will** die Gärten des Alcázar besuchen.“*
*→ Said <u>sagte, dass</u> er die Gärten des Alcázar besuchen **wolle**.*

pretérito perfecto → pretérito pluscuamperfecto
Ana: «Me **ha impresionado** la arquitectura de la Alhambra.»
→ Ana <u>contó que</u> la **había impresionado** la arquitectura de la Alhambra.
*Ana: „Mich **hat** die Architektur der Alhambra **beeindruckt**.“*
*→ Ana <u>erzählte, dass</u> die Architektur der Alhambra sie **beeindruckt habe**.*

pretérito indefinido → pretérito pluscuamperfecto
La guía turística: «Al-Ándalus **duró** casi 800 años.»
→ La guía turística <u>explicó que</u> al-Ándalus **había durado** casi 800 años.
*Die Reiseführerin: „Al-Ándalus **überdauerte** fast 800 Jahre lang.“*
*→ Die Reiseführerin <u>erklärte, dass</u> Al-Ándalus fast 800 Jahre lang **überdauert habe**.*

futuro simple → condicional simple
Mi tío: «¿**Visitarás** Granada?»
→ Mi tío me <u>preguntó si</u> **visitaría** Granada.
*Mein Onkel: „**Wirst** du Granada **besuchen**?“*
*→ Mein Onkel <u>hat mich gefragt, ob</u> ich Granada **besuchen werde**.*

Um wiederzugeben, was eine Person in der Vergangenheit gesagt oder gefragt hat, braucht man die indirekte Rede der Vergangenheit. Dabei steht das einleitende Verb in einer Vergangenheitszeit (**pretérito imperfecto, pretérito indefinido** oder **pretérito pluscuamperfecto**). Verben, die die indirekte Rede einleiten, sind z. B. **decir que, contar que, explicar que, saber que, pensar que, preguntar si**.
Im anschließenden Nebensatz, in dem das Gesagte wiedergegeben wird, gibt es eine Zeitverschiebung nach folgendem Schema:

direkte Rede: Verb im …	→ indirekte Rede: Verb im …
presente	imperfecto
perfecto	pluscuamperfecto
indefinido	pluscuamperfecto
futuro simple	condicional simple

pretérito imperfecto → pretérito imperfecto
La guía: «Los médicos en al-Ándalus ya **sabían** mucho sobre el cuerpo humano.»
→ La guía nos explicó que los médicos en al-Ándalus ya **sabían** mucho sobre el cuerpo humano.
*Die Reiseführerin: „Die Ärzte in Al-Ándalus **wussten** schon viel über den menschlichen Körper.“*
*→ Die Reiseführerin erklärte uns, dass die Ärzte in Al-Ándalus schon viel über den menschlichen Körper **wussten**.*

pret. pluscuamperfecto → pret. pluscuamperfecto
Un niño: «Nunca **había escuchado** hablar de al-Ándalus.»
→ Un niño dijo que nunca **había escuchado** hablar de al-Ándalus.
*Ein Kind: „Ich **hatte** noch nie etwas von Al-Ándalus **gehört**.“*
*→ Ein Kind sagte, dass es noch nie etwas von Al-Ándalus **gehört hätte**.*

condicional simple → condicional simple
El profesor: «¿No os **gustaría** visitar Andalucía?»
→ El profesor nos preguntó si no nos **gustaría** visitar Andalucía.
*Der Lehrer: „**Hättet** ihr nicht **Lust**, Andalusien zu besuchen?“*
*→ Der Lehrer fragte uns, ob wir nicht **Lust hätten**, Andalusien zu besuchen.*

Bei einigen Zeiten und Modi gibt es keine Zeitverschiebung:

direkte Rede: Verb im …	→ indirekte Rede: Verb im …
imperfecto pluscuamperfecto condicional simple	imperfecto pluscuamperfecto condicional simple

M2

¡**Visítame** en Sevilla!

Um eine Aufforderung bzw. einen Imperativ in der indirekten Rede der Vergangenheit wiederzugeben, verwendest du das **imperfecto de subjuntivo** (→ Nr. 17).

Leila me pidió que la **visitara** en Sevilla.
*Leila hat mich gebeten, sie in Sevilla **zu besuchen**.*

Utiliza el estilo indirecto para repetir lo que dijo el profesor de Historia. Empieza así: **Nuestro profesor dijo que...** ▶ Soluciones, p. 52
1. «En al-Ándalus, musulmanes, judíos y cristianos convivieron bien durante casi 800 años.»
2. «Vale la pena visitar los Jardines del Alcázar.»
3. «La gente se encontraba en los *hamams*.»
4. «Haremos una excursión a la Alhambra.»
5. «La expulsión de los musulmanes y judíos trajo consecuencias negativas.»
6. «He visitado el Patio de los Leones.»
7. «Sería interesante saber más sobre al-Ándalus.»

Hier kannst du überprüfen, was du in den Módulos 1 und 2 gelernt hast. Diese Aufgaben kannst du mithilfe des Webcodes bisaco unter www.cornelsen.de/codes herunterladen und ausfüllen.

1 Completa las frases con el imperfecto de subjuntivo.

Ejemplo: No esperaba que me llamaras tan rápido.

1. No pensé que los médicos de al-Ándalus (*saber*) tanto sobre el cuerpo humano.
2. Me sorprendió que en al-Ándalus la gente (*encontrarse*) en los baños públicos para charlar.
3. No contaba con que (*haber*) tantas fuentes en al-Ándalus, pues hoy es una región bastante seca.
4. Esperaba que me (*mostrar* / tú) la ciudad.
5. Los Reyes Católicos querían que los musulmanes y judíos (*irse*) de España.
6. Nos sorprendió que ya (*existir*) hospitales en el tiempo de al-Ándalus.

2 Completa las siguientes oraciones condicionales irreales en pasado.

Ejemplo: Si hubiera [...], habría [...].

1. Si te (*conocer* / yo) antes, te (*invitar* / yo) a mi cumpleaños.
2. Si (*estudiar* / tú) más para el examen, (*sacar* / tú) una nota mejor.
3. Si mi amigo no (*perder*) el autobús, no (*llegar* / él) tarde al instituto.
4. Si no (*hacer* / nosotros) la excursión a Sevilla, Said no (*conocer*) a Lena.
5. Si Said no (*pasar*) muchas vacaciones de su vida en Túnez, no (*aprender*) árabe tan bien.
6. (*Ser*) mejor si (*coger* / vosotros) el metro.

3 ¿Qué le dijo la abuela a Yela ayer? Reformula las frases en estilo indirecto. Empieza así: La abuela le dijo que...

1. «Es mejor no salir sola por la noche.»
2. «Me gustaría visitar Chichen Itzá.»
3. «Te acostumbrarás rápido a la vida en la ciudad.»
4. «Cuando tenía tu edad, ya tenía que trabajar.»
5. «Antes no había Internet en el pueblo.»
6. «En la ciudad podrás hacer muchas cosas divertidas.»
7. «¡Llámame todos los días!»

4 **Gramática combinada.** Yela cuenta de su nueva vida en Ciudad de México. Completa el texto con las letras que faltan.

Antes de venir a vivir en Ciudad de México, yo tenía miedo que la vida aquí fue[...] muy difícil. Mucha gente me había dicho que la ciudad e[...] muy grande y que ten[...] que tener cuidado para no perderme. Además, algunos decían que yo no pod[...] salir sola por la noche. Por eso pensé que no me i[...] a gustar vivir aquí. Pero cuando llegué me sorprendió que las personas fu[...] tan simpáticas y que siempre me ayu[...] cuando me perdía en las calles. Al principio mi hermano siempre decía que no le gus[...] vivir aquí y que que[...] volver al pueblo, pero mis padres no querían que él vol[...] al pueblo solo. Le explicaban que nos h[...] mudado a la ciudad porque en el pueblo e[...] muy difícil encontrar trabajo. Si h[...] encontrado trabajo en el pueblo, no nos h[...] mudado a la ciudad. Al principio me molestaba que mi hermano se quej[...] tanto de la vida aquí. Pero hace dos días me dijo que h[...] hecho un amigo en la escuela y ahora ya no se queja tanto. ¡Menos mal! Si no nos hub[...] mudado a esta ciudad, yo no h[...] conocido a tanta gente simpática.

La pronunciación y la ortografía

1 La pronunciación | Die Aussprache

a Las consonantes | Die Konsonanten

[β]	revista, a veces, nervioso, beber	[m]	madre, alemán, famoso
[b]	boli, tableta, bailar	[n]	animal, ordenar, nota
[θ]	cedé, zumo, mazapán	[ŋ]	inglés, lengua
[tʃ]	mochila, chuleta	[ɲ]	compañero, pequeño, montaña
[d]	desayuno, dinero, ducharse	[p]	campamento, grupo, esperar
[ð]	moderno, padre, ayudar	[ɾ]	pero, centro, otro
[f]	familia, fútbol, fiesta	[r]	perro, guitarra, churro
[x]	colegio, gente, videojuego, tarjeta	[s]	cosa, salón, costa
[g]	golosinas, grande, gastar	[t]	tía, estantería, repetir
[ɣ]	luego, preguntar, paga	[ks]	experimento, exposición
[k]	quiosco, caro, kilo, comida	[j]	yo, playa, mayor
[l]	fenomenal, laboratorio, dolor	[w]	windsurf, página web
[ʎ]	bocadillo, caballo, llamar		

b Las vocales | Die Vokale

[a]	ahora, cenar
[e]	teatro, creer
[i]	inteligente, indígena, y
[o]	tampoco, codo
[u]	lugar, cultura

Der Vokal **u** wird in folgenden Fällen nicht ausgesprochen:
– nach **q**, z. B. ¿**qu**é?, ¿**qu**ién?
– zwischen **g** und **e** bzw. **i**, z. B. ju**gue**te, **gui**tarra.

c Los diptongos | Die Diphthonge

[ai]	hay, guay
[au]	aula, aunque
[ei]	veinte, voleibol
[eu]	euro, Europa
[oi]	hoy, voy, soy
[j]	bien, genial, ciudad, nadie
[w]	agua, bueno, situación

Wenn zwei aufeinanderfolgende Vokale **a**, **e** oder **o** sind, dann bilden sie keinen Diphthong, sondern zwei Silben, z. B. **mu-se-o**, **te-a-tro**.

d Reglas de acento | Betonungsregeln

1. Wörter, die auf **n**, **s** oder einen Vokal enden, werden auf der vorletzten Silbe betont.

		va	so
		va	mos
	e	**xa**	men
cho	co	**la**	te

2. Wörter, die auf einen Konsonanten (außer **n**, **s**) enden, werden auf der letzten Silbe betont.

Por	tu	**gal**
	gri	**tar**

3. Wörter, deren Betonung von diesen Regeln abweicht, haben einen Akzent auf der betonten Silbe.

tam	**bién**		
in	**glés**		
vi	**vís**		
a	**llí**		
sa	**lón**		
	fút	bol	
	fá	cil	
	pá	gi	na
	nú	me	ro

Wegen der Betonungsregeln entfällt bei einigen Wörtern der Akzent oder es wird ein Akzent hinzugefügt:
– bei Singular/Plural, z. B. la ha-bi-ta-**ción**, las ha-bi-ta-**cio**-nes
– bei angehängten Pronomen, z. B. ¡Le-**ván**-ta-te!, ¡**Mán**-da-me-lo!

2 Los signos de puntuación | Die Satzzeichen

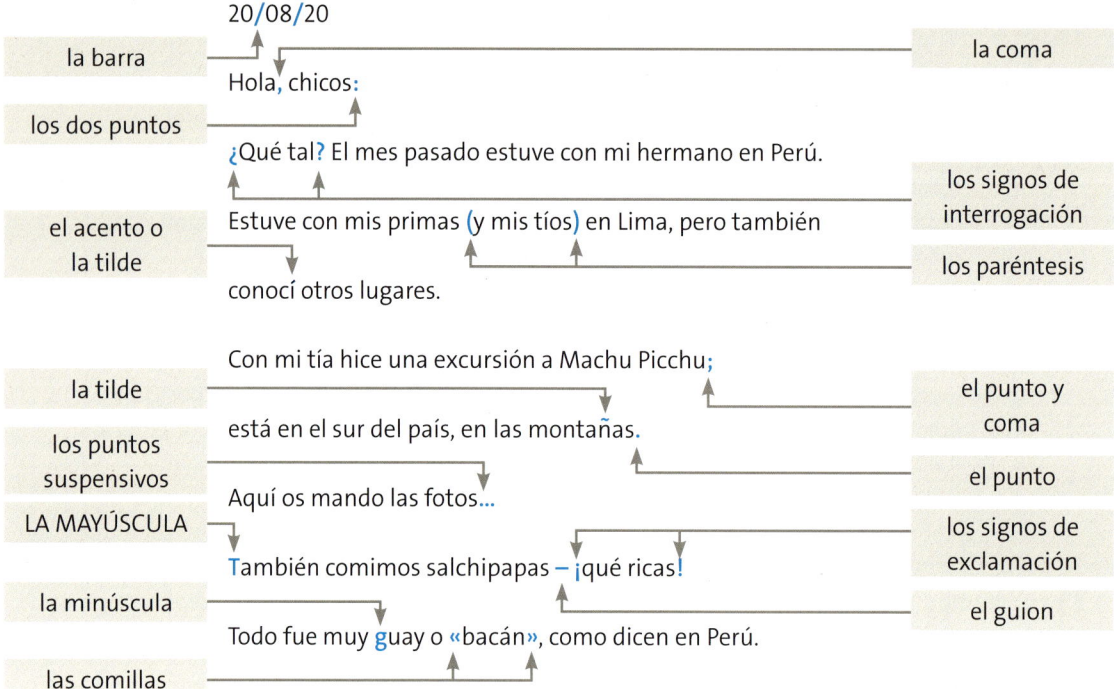

| la barra | | la coma |

20/08/20

Hola, chicos:

los dos puntos

¿Qué tal? El mes pasado estuve con mi hermano en Perú.

los signos de interrogación

el acento o la tilde

Estuve con mis primas (y mis tíos) en Lima, pero también

los paréntesis

conocí otros lugares.

la tilde

Con mi tía hice una excursión a Machu Picchu;

el punto y coma

los puntos suspensivos

está en el sur del país, en las montañas.

el punto

LA MAYÚSCULA

Aquí os mando las fotos...

los signos de exclamación

También comimos salchipapas – ¡qué ricas!

la minúscula

el guion

Todo fue muy guay o «bacán», como dicen en Perú.

las comillas

3 La ortografía | Die Rechtschreibung

Las mayúsculas y minúsculas | Die Groß- und Kleinschreibung

Im Spanischen werden Substantive in der Regel klein geschrieben. Ausnahmen sind:

Isabel Cabrera Che Sudaka	Isabel (Vorname) Cabrera (Nachname) Che Sudaka (Name einer Band)	– Eigennamen
Lima la Sierra de Tramontana Perú Aragón el mar Mediterraneo	Lima (Stadt) die Sierra de Tramontana (Gebirge) Peru (Land) Aragonien (Autonome Region) das Mittelmeer	– geografische Bezeichnungen
el Día de Muertos Navidad Año Nuevo	der Tag der Toten Weihnachten Neujahr	– Feiertage und Feste
Mates Inglés	Mathe Englisch	– Schulfächer
el Parque del Mar la Plaza de Armas		– Sehenswürdigkeiten

Los números

1   Los números cardinales | Die Kardinalzahlen

0 cero	19 diecinueve	200 doscientos/-as
1 un/o, una	20 veinte	300 trescientos/-as
2 dos	21 veintiuno/-a, -ún	400 cuatrocientos/-as
3 tres	22 veintidós	500 quinientos/-as
4 cuatro	23 veintitrés	600 seiscientos/-as
5 cinco	26 veintiséis	700 setecientos/-as
6 seis	30 treinta	800 ochocientos/-as
7 siete	31 treinta y uno/-a, y un	900 novecientos/-as
8 ocho	32 treinta y dos	1000 mil
9 nueve	33 treinta y tres	1622 mil seiscientos veintidós
10 diez	40 cuarenta	1989 mil novecientos ochenta y nueve
11 once	50 cincuenta	2000 dos mil
12 doce	60 sesenta	2018 dos mil dieciocho
13 trece	70 setenta	10000 diez mil
14 catorce	80 ochenta	100000 cien mil
15 quince	90 noventa	200000 doscientos/-as mil
16 dieciséis	100 cien, ciento	500000 quinientos/-as mil
17 diecisiete	101 ciento uno/-a, un	1000000 un millón
18 dieciocho	135 ciento treinta y cinco	2000000 dos millones

Die Jahreszahlen werden im Spanischen immer so ausgesprochen wie die Kardinalzahlen:
z. B. 1492 = mil cuatrocientos noventa y dos

2   Los números ordinales | Die Ordnungszahlen

1° el primero	1ª la primera	**!** el **primer** piso
2° el segundo	2ª la segunda	
3° el tercero	3ª la tercera	**!** el **tercer** piso
4° el cuarto	4ª la cuarta	
5° el quinto	5ª la quinta	
6° el sexto	6ª la sexta	
7° el séptimo	7ª la séptima	
8° el octavo	8ª la octava	
9° el noveno	9ª la novena	
10° el décimo	10ª la décima	

3   Los números quebrados y los números porcentuales | Die Bruchzahlen und Prozentzahlen

$\frac{1}{2}$ la mitad = 50 % (el cincuenta por ciento)			
$\frac{1}{3}$ un tercio ≈ 33 % (≈ el treinta y tres por ciento)	$\frac{2}{3}$ dos tercios		
$\frac{1}{4}$ un cuarto = 25 % (el veinticinco por ciento)	$\frac{3}{4}$ tres cuartos		
$\frac{1}{5}$ un quinto = 20 % (el veinte por ciento)	$\frac{4}{5}$ cuatro quintos		

Los verbos

Hier findest du die Konjugationen oder Konjugationsmuster der Verben, die du in *¡Apúntate! Nueva edición* gelernt hast.

1 Los verbos auxiliares | Die Hilfsverben

infinitivo	ser	estar	haber	!
presente	soy	estoy	he	
	eres	estás	has	
	es	está	ha	hay
	somos	estamos	hemos	
	sois	estáis	habéis	
	son	están	han	
imperativo	sé	está		
	sed	estad		
gerundio	siendo	estando	(habiendo)	
participio	sido	estado	(habido)	
pretérito indefinido	fui	estuve	hube	
	fuiste	estuviste	hubiste	
	fue	estuvo	hubo	hubo
	fuimos	estuvimos	hubimos	
	fuisteis	estuvisteis	hubisteis	
	fueron	estuvieron	hubieron	
pretérito imperfecto	era	estaba	había	
	eras	estabas	habías	
	era	estaba	había	había
	éramos	estábamos	habíamos	
	erais	estabais	habíais	
	eran	estaban	habían	
futuro simple	seré	estaré	habré	
	serás	estarás	habrás	
	será	estará	habrá	habrá
	seremos	estaremos	habremos	
	seréis	estaréis	habréis	
	serán	estarán	habrán	
condicional	sería	estaría	habría	
	serías	estarías	habrías	
	sería	estaría	habría	habría
	seríamos	estaríamos	habríamos	
	seríais	estaríais	habríais	
	serían	estarían	habrían	
presente de subjuntivo	sea	esté	haya	
	seas	estés	hayas	
	sea	esté	haya	haya
	seamos	estemos	hayamos	
	seáis	estéis	hayáis	
	sean	estén	hayan	
imperfecto de subjuntivo	fuera	estuviera	hubiera	
	fueras	estuvieras	hubieras	
	fuera	estuviera	hubiera	hubiera
	fuéramos	estuviéramos	hubiéramos	
	fuerais	estuvierais	hubierais	
	fueran	estuvieran	hubieran	

2 Los verbos regulares en -ar/-er/-ir | Die regelmäßigen Verben auf -ar/-er/-ir

infinitivo	hablar	comer	vivir	❗
presente	hablo	como	vivo	**salir:** salgo, sales, …
	hablas	comes	vives	**-ger: coger:** cojo, coges, …
	habla	come	vive	(*ebenso:* escoger, recoger, proteger)
	hablamos	comemos	vivimos	**incluir:** incluyo, incluimos, incluís, incluyen
	habláis	coméis	vivís	**esquiar:** esquío, esquiamos, esquiáis, esquían
	hablan	comen	viven	
imperativo	habla	come	vive	**salir:** sal
	hablad	comed	vivid	
gerundio	hablando	comiendo	viviendo	**leer:** leyendo, **creer:** creyendo
participio	hablado	comido	vivido	**abierto, escrito, descubierto**
pretérito indefinido	hablé	comí	viví	**-car: buscar:** busqué, buscaste, …
	hablaste	comiste	viviste	(*ebenso:* explicar, tocar, sacar, practicar, …)
	habló	comió	vivió	**-gar: llegar:** llegué, llegaste, …
	hablamos	comimos	vivimos	(*ebenso:* jugar, descargar, pagar, …)
	hablasteis	comisteis	vivisteis	**-zar: empezar:** empecé, empezaste, …
	hablaron	comieron	vivieron	(*ebenso:* alcanzar, cruzar, organizar, …)
				leer: leyó, leímos, leyeron (*ebenso:* creer)
				incluir: incluyó, incluimos, incluyeron
pretérito imperfecto	hablaba	comía	vivía	
	hablabas	comías	vivías	
	hablaba	comía	vivía	
	hablábamos	comíamos	vivíamos	
	hablabais	comíais	vivíais	
	hablan	comían	vivían	
futuro simple	hablaré	comeré	viviré	**salir:** saldré, saldrás, …
	hablarás	comerás	vivirás	
	hablará	comerá	vivirá	
	hablaremos	comeremos	viviremos	
	hablaréis	comeréis	viviréis	
	hablarán	comerán	vivirán	
condicional	hablaría	comería	viviría	**salir:** saldría, saldrías, …
	hablarías	comerías	vivirías	
	hablaría	comería	viviría	
	hablaríamos	comeríamos	viviríamos	
	hablaríais	comeríais	viviríais	
	hablarían	comerían	vivirían	
presente de subjuntivo	hable	coma	viva	**-car:** toque, toques, …
	hables	comas	vivas	**-gar:** pague, pagues, …
	hable	coma	viva	**-zar:** cruce, cruces, …
	hablemos	comamos	vivamos	**-ger:** coja, cojas, …
	habléis	comáis	viváis	**salir:** salga, salgas, …
	hablen	coman	vivan	**incluir:** incluya, incluyas, …
imperfecto de subjuntivo	hablara	comiera	viviera	
	hablaras	comieras	vivieras	
	hablara	comiera	viviera	
	habláramos	comiéramos	viviéramos	
	hablarais	comierais	vivierais	
	hablaran	comieran	vivieran	

3 Los verbos con diptongación: e → ie | Diphthongverben: e → ie

infinitivo	pensar	entender	preferir	!
presente	pienso	entiendo	prefiero	**tener:** tengo, tienes, …
	piensas	entiendes	prefieres	(*ebenso:* obtener, mantener, …)
	piensa	entiende	prefiere	**venir:** vengo, vienes, …
	pensamos	entendemos	preferimos	
	pensáis	entendéis	preferís	
	piensan	entienden	prefieren	
imperativo	piensa	entiende	prefiere	
	pensad	entended	preferid	
gerundio	pensando	entendiendo	prefiriendo	
participio	pensado	entendido	preferido	
pretérito indefinido	pensé	entendí	preferí	**tener:** tuve, tuviste, …
	pensaste	entendiste	preferiste	**querer:** quise, quisiste, …
	pensó	entendió	prefirió	**sentir:** sentí, sentiste, **sint**ió, sentimos,
	pensamos	entendimos	preferimos	sentisteis, **sint**ieron
	pensasteis	entendisteis	preferisteis	
	pensaron	entendieron	prefirieron	
pretérito imperfecto	pensaba	entendía	prefería	
	pensabas	entendías	preferías	
	pensaba	entendía	prefería	
	pensábamos	entendíamos	preferíamos	
	pensabais	entendíais	preferíais	
	pensaban	entendían	preferían	
futuro simple	pensaré	entenderé	preferiré	**querer:** querré, querrás, …
	pensarás	entenderás	preferirás	**tener:** tendré, tendrás, …
	pensará	entenderá	preferirá	
	pensaremos	entenderemos	preferiremos	
	pensaréis	entenderéis	preferiréis	
	pensarán	entenderán	preferirán	
condicional	pensaría	entendería	viviría	
	pensarías	entenderías	vivirías	
	pensaría	entendería	viviría	
	pensaríamos	entenderíamos	viviríamos	
	pensaríais	entenderíais	viviríais	
	pensarían	entenderían	vivirían	
presente de subjuntivo	piense	entienda	prefiera	**-zar: empezar:** empiece, empieces, …
	pienses	entiendas	prefieras	**sentir:** sienta, sientas, sienta, **sint**amos,
	piense	entienda	prefiera	**sint**áis, sientan
	pensemos	entendamos	prefiramos	**tener:** tenga, tengas, …
	penséis	entendáis	prefiráis	
	piensen	entiendan	prefieran	
imperfecto de subjuntivo	pensara	entendiera	viviera	
	pensaras	entendieras	vivieras	
	pensara	entendiera	viviera	
	pensáramos	entendiéramos	viviéramos	
	pensarais	entendierais	vivierais	
	pensaran	entendieran	vivieran	

> *ebenso wie* **pensar**: cerrar, descansar, empezar, despertarse, llevar, ayudar, regar, sentarse, charlar, …
> *ebenso wie* **entender**: atender, esconder, perder, …
> *ebenso wie* **preferir**: convertir, sentir, …

4 Los verbos con diptongación: o → ue │ Diphthongverben: o → ue

infinitivo	contar	volver	dormir	❗
presente	cuento	vuelvo	duermo	**jugar:** juego, juegas, …
	cuentas	vuelves	duermes	
	cuenta	vuelve	duerme	
	contamos	volvemos	dormimos	
	contáis	volvéis	dormís	
	cuentan	vuelven	duermen	
imperativo	cuenta	vuelve	duerme	
	contad	volved	dormid	
gerundio	contando	volviendo	durmiendo	**poder:** pudiendo
participio	contado	**vuelto**	dormido	
pretérito indefinido	conté	volví	dormí	**jugar:** jugué, jugaste, …
	contaste	volviste	dormiste	**poder:** pude, pudiste, …
	contó	volvió	durmió	
	contamos	volvimos	dormimos	
	contasteis	volvisteis	dormisteis	
	contaron	volvieron	durmieron	
pretérito imperfecto	contaba	volvía	dormía	
	contabas	volvías	dormías	
	contaba	volvía	dormía	
	contábamos	volvíamos	dormíamos	
	contabais	volvíais	dormíais	
	contaban	volvían	dormían	
futuro simple	contaré	volveré	dormiré	**poder:** podré, podrás, …
	contarás	volverás	dormirás	
	contará	volverá	dormirá	
	contaremos	volveremos	dormiremos	
	contaréis	volveréis	dormiréis	
	contarán	volverán	dormirán	
condicional	contaría	volvería	dormiría	
	contarías	volverías	dormirías	
	contaría	volvería	dormiría	
	contaríamos	volveríamos	dormiríamos	
	contaríais	volveríais	dormiríais	
	contarían	volverían	dormirían	
presente de subjuntivo	cuente	vuelva	duerma	**jugar:** juegue, juegues, …
	cuentes	vuelvas	duermas	
	cuente	vuelva	duerma	
	contemos	volvamos	durmamos	
	contéis	volváis	durmáis	
	cuenten	vuelvan	duerman	
imperfecto de subjuntivo	contara	volviera	durmiera	
	contaras	volvieras	durmieras	
	contara	volviera	durmiera	
	contáramos	volviéramos	durmiéramos	
	contarais	volvierais	durmierais	
	contaran	volvieran	durmieran	
	ebenso: acostarse, colgar, encontrar, mostrar, probar	*ebenso:* doler, mover, soler, …	*ebenso:* morir	

5 Los verbos con debilitación vocálica: e → i |
Die Verben mit Vokalschwächung: e → i

infinitivo	**seguir**	reír
presente	**sigo**	río
	sigues	ríes
	sigue	ríe
	seguimos	reímos
	seguís	reís
	siguen	ríen
imperativo	sigue	ríe
	seguid	reíd
gerundio	siguiendo	riendo
participio	seguido	reído
pretérito indefinido	seguí	reí
	seguiste	reíste
	siguió	**rio**
	seguimos	reímos
	seguisteis	reísteis
	siguieron	rieron
pretérito imperfecto	seguía	reía
	seguías	reías
	seguía	reía
	seguíamos	reíamos
	seguíais	reíais
	seguían	reían
futuro simple	seguiré	reiré
	seguirás	reirás
	seguirá	reirá
	seguiremos	reiremos
	seguiréis	reiréis
	seguirán	reirán
condicional	seguiría	reiría
	seguirías	reirías
	seguiría	reiría
	seguiríamos	reiríamos
	seguiríais	reiríais
	seguirían	reiría
presente de subjuntivo	siga	ría
	sigas	rías
	siga	ría
	sigamos	riamos
	sigáis	riais
	sigan	rían
imperfecto de subjuntivo	siguiera	riera
	siguieras	rieras
	siguiera	riera
	siguiéramos	riéramos
	siguierais	rierais
	siguieran	rieran

6 Los verbos del tipo c → zc |
Die Verben mit der Veränderung c → zc

infinitivo	**conocer**
presente	conozco
	conoces
	conoce
	conocemos
	conocéis
	conocen
imperativo	conoce
	conoced
gerundio	conociendo
participio	conocido
pretérito indefinido	conocí
	conociste
	conoció
	conocimos
	conocisteis
	conocieron
pretérito imperfecto	conocía
	conocías
	conocía
	conocíamos
	conocíais
	conocían
futuro simple	conoceré
	conocerás
	conocerá
	conoceremos
	conoceréis
	conocerán
condicional	conocería
	conocerías
	conocería
	conoceríamos
	conoceríais
	conocerían
presente de subjuntivo	conozca
	conozcas
	conozca
	conozcamos
	conozcáis
	conozcan
imperfecto de subjuntivo	conociera
	conocieras
	conociera
	conociéramos
	conocierais
	conocieran

7 Los verbos irregulares | Die unregelmäßigen Verben

infinitivo	dar	decir	hacer	ir	oír	poner
presente	doy	digo	hago	voy	oigo	pongo
	das	dices	haces	vas	oyes	pones
	da	dice	hace	va	oye	pone
	damos	decimos	hacemos	vamos	oímos	ponemos
	dais	decís	hacéis	vais	oís	ponéis
	dan	dicen	hacen	van	oyen	ponen
imperativo	da	di	haz	ve	oye	pon
	dad	decid	haced	id	oíd	poned
gerundio	dando	diciendo	haciendo	yendo	oyendo	poniendo
participio	dado	dicho	hecho	ido	oído	puesto
pretérito	di	dije	hice	fui	oí	puse
indefinido	diste	dijiste	hiciste	fuiste	oíste	pusiste
	dio	dijo	hizo	fue	oyó	puso
	dimos	dijimos	hicimos	fuimos	oímos	pusimos
	disteis	dijisteis	hicisteis	fuisteis	oísteis	pusisteis
	dieron	dijeron	hicieron	fueron	oyeron	pusieron
pretérito	daba	decía	hacía	iba	oía	ponía
imperfecto	dabas	decías	hacías	ibas	oías	ponías
	daba	decía	hacía	iba	oía	ponía
	dábamos	decíamos	hacíamos	íbamos	oíamos	poníamos
	dabais	decíais	hacíais	ibais	oíais	poníais
	daban	decían	hacían	iban	oían	ponían
futuro simple	daré	diré	haré	iré	oiré	pondré
	darás	dirás	harás	irás	oirás	pondrás
	dará	dirá	hará	irá	oirá	pondrá
	daremos	diremos	haremos	iremos	oiremos	pondremos
	daréis	diréis	haréis	iréis	oiréis	pondréis
	darán	dirán	hadirán	irán	oirán	pondrán
condicional	daría	diría	haría	iría	oiría	pondría
	darías	dirías	harías	irías	oirías	pondrías
	daría	diría	haría	iría	oiría	pondría
	daríamos	diríamos	haríamos	iríamos	oiríamos	pondríamos
	daríais	diríais	haríais	iríais	oiríais	pondríais
	darían	dirían	harían	irían	oirían	pondrían
presente de	dé	diga	haga	vaya	oiga	ponga
subjuntivo	des	digas	hagas	vayas	oigas	pongas
	dé	diga	haga	vaya	oiga	ponga
	demos	digamos	hagamos	vayamos	oigamos	pongamos
	deis	digáis	hagáis	vayáis	oigáis	pongáis
	den	digan	hagan	vayan	oigan	pongan
imperfecto de	diera	dijera	hiciera	fuera	oyera	pusiera
subjuntivo	dieras	dijeras	hicieras	fueras	oyeras	pusieras
	diera	dijera	hiciera	fuera	oyera	pusiera
	diéramos	dijéramos	hiciéramos	fuéramos	oyéramos	pusiéramos
	dierais	dijerais	hicierais	fuerais	oyerais	pusierais
	dieran	dijeran	hicieran	fueran	oyeran	pusieran

infinitivo	querer	saber	tener	traer	venir	ver
presente	quiero	sé	tengo	traigo	vengo	veo
	quieres	sabes	tienes	traes	vienes	ves
	quiere	sabe	tiene	trae	viene	ve
	queremos	sabemos	tenemos	traemos	venimos	vemos
	queréis	sabéis	tenéis	traéis	venís	veis
	quieren	saben	tienen	traen	vienen	ven
imperativo	quiere	sabe	ten	trae	ven	ve
	quered	sabed	tened	traed	venid	ved
gerundio	queriendo	sabiendo	teniendo	trayendo	viniendo	viendo
participio	querido	sabido	tenido	traído	venido	visto
pretérito indefinido	quise	supe	tuve	traje	vine	vi
	quisiste	supiste	tuviste	trajiste	viniste	viste
	quiso	supo	tuvo	trajo	vino	vio
	quisimos	supimos	tuvimos	trajimos	vinimos	vimos
	quisisteis	supisteis	tuvisteis	trajisteis	vinisteis	visteis
	quisieron	supieron	tuvieron	trajeron	vinieron	vieron
pretérito imperfecto	quería	sabía	tenía	traía	venía	veía
	querías	sabías	tenías	traías	venías	veías
	quería	sabía	tenía	traía	venía	veía
	queríamos	sabíamos	teníamos	traíamos	veníamos	veíamos
	queríais	sabíais	teníais	traíais	veníais	veíais
	querían	sabían	tenían	traían	venían	veían
futuro simple	querré	sabré	tendré	traeré	vendré	veré
	querrás	sabrás	tendrás	traerás	vendrás	verás
	querrá	sabrá	tendrá	traerá	vendrá	verá
	querremos	sabremos	tendremos	traeremos	vendremos	veremos
	querréis	sabréis	tendréis	traeréis	vendréis	veréis
	querrán	sabrán	tendrán	traerán	vendrán	verán
condicional	querría	sabría	tendría	traería	vendría	vería
	querrías	sabrías	tendrías	traerías	vendrías	verías
	querría	sabría	tendría	traería	vendría	vería
	querríamos	sabríamos	tendríamos	traeríamos	vendríamos	veríamos
	querríais	sabríais	tendríais	traeríais	vendríais	veríais
	querrían	sabrían	tendrían	traerían	vendrían	verían
presente de subjuntivo	quiera	sepa	tenga	traiga	venga	vea
	quieras	sepas	tengas	traigas	vengas	veas
	quiera	sepa	tenga	traiga	venga	vea
	queramos	sepamos	tengamos	traigamos	vengamos	veamos
	queráis	sepáis	tengáis	traigáis	vengáis	veáis
	quieran	sepan	tengan	traigan	vengan	vean
imperfecto de subjuntivo	quisiera	supiera	tuviera	trajera	viniera	viera
	quisieras	supieras	tuvieras	trajeras	vinieras	vieras
	quisiera	supiera	tuviera	trajera	viniera	viera
	quisiéramos	supiéramos	tuviéramos	trajéramos	viniéramos	viéramos
	quisierais	supierais	tuvierais	trajerais	vinierais	vierais
	quisieran	supieran	tuvieran	trajeran	vinieran	vieran

ebenso wie **tener**:
mantener, obtener, …

Términos gramaticales

spanisch	deutsch	Beispiel
el adjetivo	das Adjektiv	**bueno/-a, optimista,** diferente
el adverbio	das Adverb	**antes, prácticamente, después, aquí**
el artículo determinado	der bestimmte Artikel	**el** consejo, **la** cifra
el artículo indeterminado	der unbestimmte Artikel	**un** momento, **una** cuchara
el comparativo	der Komparativ	Mateo es **más alto que** Ana.
el condicional compuesto	der *condicional compuesto*	**habrías visto, habrían dicho**
el condicional simple	der *condicional simple*	**hablaría, tendrías, vivirían**
el conector	der Konnektor	**por eso, aun así, de hecho**
la conjunción	die Konjunktion	**y, o, pero, porque**
la consonante	der Konsonant	**b, c, h**
el determinante demostrativo	der Demonstrativbegleiter	**este** disco, **esas** hermanas
el determinante indefinido	der indefinite Begleiter	**muchos** edificios, **poca** gente
el determinante posesivo	der Possessivbegleiter	**mi** falda, **nuestro** blog
el estilo indirecto	die indirekte Rede	**Nico dice que está enfadado.**
el estilo indirecto en pasado	die indirekte Rede in der Vergangenheit	**Nico dijo que estaba enfadado.**
la expresión impersonal	der unpersönliche Ausdruck	**Hace falta que** vengas.
el futuro inmediato	das unmittelbare Futur	**Voy a bailar.**
el futuro simple	das *futuro simple*	**jugaré, creerá, irás**
el género (masculino/-a, femenino/-a)	das Geschlecht (männl., weibl.)	**el** huevo (masculino), **la** gorra (femenino)
el gerundio	das Gerundium	**cantando, escribiendo**
el imperativo (negativo)	der (verneinte) Imperativ	**¡Ven!, ¡Despiértate!, ¡No te vayas!**
el imperfecto de subjuntivo	das *imperfecto de subjuntivo*	**hablara, comieras, vivieran**
el indicativo	der Indikativ	**hablo, dices, saben**
el infinitivo	der Infinitiv	**hablar, decir, saber**
el modo (el indicativo, el subjuntivo)	der Modus (Indikativ, *subjuntivo*)	**llegas** (indicativo), **llegues** (subjuntivo)
la negación	die Verneinung	**No** hablo chino.
el número (el singular, el plural)	der Numerus (Einzahl, Mehrzahl)	**el** río (singular), **las** cataratas (plural)
la oración condicional irreal en pasado	der irreale Bedingungssatz der Vergangenheit	**Si me lo hubieras pedido,** te habría ayudado.

la oración condicional real	der reale Bedingungssatz	**Si puedo,** lo haré.
la oración relativa	der Relativsatz	El cómic **que lees** es divertido.
la pasiva refleja	die *pasiva refleja*	**se escribe, se buscan**
el participio	das Partizip	**hablado, vivido, escrito**
la persona	die Person	[**tú**] prepar**as** (segunda persona singular)
el pluscuamperfecto de subjuntivo	das *pluscuamperfecto de subjuntivo*	**hubiéramos comido**
la preposición	die Präposition	**en, a, por, delante de, para, según**
el presente	das Präsens	**creo, habla, reís**
el pretérito imperfecto	das *pretérito imperfecto*	**creía, hablaba, reía**
el pretérito indefinido	das *pretérito indefinido*	**canté, tuvimos, dijeron**
el pretérito perfecto	das *pretérito perfecto*	**he visto, ha salido**
el pretérito pluscuamperfecto	das Plusquamperfekt	**habías vivido, habíamos estudiado**
el pronombre de complemento directo	das direkte Objektpronomen	**me, te, lo, la, nos, os, los, las**
el pronombre de complemento indirecto	das indirekte Objektpronomen	**me, te, le, nos, os, les**
el pronombre demostrativo	das Demonstrativpronomen	**este** es..., **esos** son...
el pronombre interrogativo	das Fragewort	**¿dónde?, ¿qué?, ¿cómo?**
el pronombre personal sujeto	das Subjektpronomen	**yo, tú, él, ella, ...**
el pronombre posesivo	das Possessivpronomen	**la tuya, los suyos**
el pronombre relativo	das Relativpronomen	**que, donde, con la que**
el subjuntivo	der *subjuntivo*	**hable, haga, viva**
el superlativo	der Superlativ	El Prado es **el** museo **más importante**.
el sustantivo	das Substantiv	Me gustan **las** novelas.
el verbo	das Verb	Carlos **escucha** música.
el verbo auxiliar	das Hilfsverb	**ser, estar, haber**
el verbo reflexivo	das reflexive Verb	**despertarse, convertirse**
la vocal	der Vokal	**a, e, i, o, u**
la voz pasiva	das Passiv	**es celebrado, son preparadas**

Soluciones

Unidad 1

p. 7:

1. Andrés y tú os haréis amigos.
2. Un día Isabel volverá a Bogotá.
3. Mis padres estarán contentos.
4. ¿Cuándo obtendrás el carné de conducir?
5. Este verano, Isabel hará unas prácticas.
6. Seguro que aprobaremos el examen.
7. Yo también trabajaré como voluntaria.
8. No nos perderemos tu fiesta por nada.

p. 7:

1. Si **hacéis** lo que los monitores os piden, no **tendréis** problemas con ellos.
2. Si **obtienes** el carné de conducir, ¿este verano **irás** al campamento en coche?
3. Si mi madre **recibe** una buena oferta de trabajo, **dejará** su puesto actual.
4. **Lo pasaré** fenomenal y **maduraré** mucho si **puedo** estudiar un año en el extranjero.
5. Si **tenemos** suerte, el próximo año **estudiaremos** en México.

p. 8:

1. El padre de Andrés no estará contento **hasta que** Andrés **se gradúe**.
2. A veces algunos chicos logran salir del campamento a escondidas **sin que** los monitores los **vean**.
3. La contaminación no mejorará **hasta que dejemos** de ser egoístas y **cambiemos** nuestra forma de vida.
4. **Hasta que viváis** vosotros mismos en otro país, nunca sabréis cómo es.
5. Cuando tu habitación esté sucia, quiero que la limpies **sin que tengamos que** decírtelo.

Unidad 2

p. 11:

1. **diversificaría** el negocio
2. **verías** una corrida de toros
3. **revisaría** el pedido
4. **usaría** energía solar
5. **tendrían** contacto directo
6. **haríais** eso
7. **visitaríamos** a Rocío
8. **saldrían** a flote
9. **exportaríamos** más
10. no **trabajaría** en un cortijo
11. **recogerían** frutas
12. **regarías** las plantas

p. 12:

1. Los padres de Nacho, **quienes** son los dueños de «El Arroyo», ya estaban pensando en vender el cortijo.
2. Nacho y su familia, **quienes** hasta ahora venden sus naranjas en las ferias de la región, están pensando en abrir una tienda.
3. Rocío, **quien** es la mujer de Nacho, y sus padres siempre van con él a las ferias.
4. Los clientes, con **quienes** Nacho habla después de las visitas guiadas, siempre están contentos.
5. **Quien** visita «El Arroyo» normalmente quiere conocer el origen de las frutas que compra.
6. Carmen, **quien** administra la página web, tuvo la idea de vender las naranjas por la red.
7. Los padres de Nacho, **quienes** al principio dudaban del proyecto, ahora están muy contentos.

p. 13:

1. Granada es una ciudad **donde** hay una gran variedad de lugares turísticos.
2. También es una de las ciudades españolas **adonde** muchos estudiantes extranjeros quieren ir para pasar un año de intercambio.
3. Algunas cuevas en el Sacromonte, **donde** antes vivía gente, se usan hoy como tablaos flamencos.

4. El sur de Andalucía, **adonde** viajan turistas de todo el mundo, ofrece playa, montañas y mucho más.
5. En la Sierra Nevada, **donde** incluso puedes esquiar, está el pico más alto de España, el Mulhacén.
6. Granada, **donde** viven muchos estudiantes, es una ciudad con muy buena calidad de vida.

Unidad 3

p. 16:

1. Tenochtitlan **era** una ciudad muy grande para la época.
2. Muchos marineros **tenían** miedo y **pensaban** que iban a morir durante el viaje.
3. Cuando los Reyes Católicos **supieron** que Colón había llegado a tierra, **se pusieron** contentos.
4. Los conquistadores, cuando **llegaron** a América, **pensaban** que estaban en Asia.
5. Tenochtitlan **tenía** más de 200 000 habitantes, por eso **necesitaba** una buena infraestructura.
6. Cortés **conoció** a Malinche en México y ella lo **ayudó** bastante en la conquista.
7. Malinche **hablaba** náhuatl y una lengua maya y también **aprendió** el español muy rápido.

p. 17:

1. Es interesante ver **lo inteligentes que** eran los niños en Tenochtitlan.
2. Mira **lo estricto que** parece ese sacerdote.
3. No sabes **lo sencillas que** son las casas.
4. ¡Fíjate en **lo famosos que** son los jugadores de tlachtli!
5. ¿Has visto **lo interesante que** es la exposición?

p. 17:

1. En el mercado de Tenochtitlan **se cambiaba** un producto por otro.
2. En la cultura azteca **se hacían** previsiones del futuro.
3. En el imperio azteca **se enseñaba** a los niños a ser buenos guerreros.
4. El nacimiento de un niño **se celebraba** mucho.
5. Los campos flotantes **se usaban** para plantar verduras.
6. En Tenochtitlan había canchas donde **se jugaba** al tlachtli.

p. 18:

1. Hace falta que **vayas** menos en coche y que **uses** más el transporte público.
2. Hace falta que **ganemos** el próximo partido.
3. Hace falta que se **evite** la contaminación.
4. Hace falta que la gente **produzca** menos basura.
5. Hace falta que vosotros también **hagáis** algo para cuidar el medio ambiente.
6. Hace falta que **beban** suficiente agua.
7. No hace falta que se **construyan** más edificios en este barrio.

p. 19:

1. Suelo leer bastante.
2. Laura suele pasar sus vacaciones en México.
3. Mis amigos y yo no solemos visitar muchos museos.
4. En Tenochtitlan las chicas no solían ir a la escuela.
5. El mercado solía estar lleno de gente.
6. Los aztecas solían comer tortillas con relleno de insectos.

p. 21:
1. El trolebús **está a punto de llegar**.
2. Las clases **están a punto de empezar**.
3. A menudo, los rescatistas **se quedan buscando** a desaparecidos entre los escombros durante días.
4. Hemos ahorrado bastante y ahora finalmente **estamos a punto de comprar** nuestros billetes a México.
5. Cuando vamos al centro, mis amigos y yo **nos quedamos viendo** las cosas en las tiendas durante horas.
6. Cuando María visita a su familia, siempre **se quedan comiendo**, **charlando** y **riendo** juntos toda la tarde.
7. El padre **se queda esperando** a sus hijos hasta tarde.
8. **Estoy a punto de irme** a la cama.

Unidad 4

p. 24:
1. Ibrahím y su mujer irán a vivir a un pueblo **con tal de que** encuentren trabajo allí.
2. Said se acuerda de Túnez **siempre que** escucha a alguien hablar en árabe.
3. Ibrahím y su familia sabían que vivir en un pueblo pequeño es muy diferente. **Aun así**, tomaron la decisión de intentarlo.
4. Los padres de Ibrahím quieren aprovechar para visitarlo y conocer Madrid **antes de que** se mude a otro lugar.
5. Gracias a los inmigrantes, los pueblos se están llenando de vida nuevamente. **De hecho**, sin ellos muchas cosas en los pueblos no funcionarían.

p. 25:
1. El alcalde **está** orgulloso porque a los nuevos habitantes les parece bonito el pueblo.
2. Ahora el pueblo **está** lleno de familias jóvenes.
3. Ibrahím y su familia, por ejemplo, **son** originarios de Túnez, pero ahora viven en Matalebreras.
4. La vida en Matalebreras **es** mucho más tranquila que la vida en Túnez.
5. Sus hijos **están** contentos con la vida en el pueblo.
6. El pueblo **es** pequeño, pero bonito y los habitantes **son** muy simpáticos.

p. 26:
1. Oye, ¿me puedes **traer** el libro que te presté? ¿O todavía no lo has terminado?
2. ¿Por qué no **llevas** una paella a la fiesta de Isabel? Siempre te quedan tan ricas...
3. Hoy no puedo quedar contigo. Tengo que **llevar** a mi hermanito al entrenamiento.
4. Mamá, ¿puedes **traer** una pizza cuando vengas del trabajo? No tengo ganas de cocinar...
5. —Oye, ¿ya vienes? —Sí, ya estoy en el metro y estoy **llevando** una sorpresa para ti.

p. 27:
1. Los ñoquis fueron llevados a Argentina por los inmigrantes italianos.
2. El espanglish es hablado por millones de estadounidenses.
3. Muchas tradiciones fueron introducidas a Europa por los inmigrantes.
4. El coche fue alquilado por la empresa.
5. ¿Qué ingredientes son usados en la cocina española?
6. Cuando llegaron al pueblo, Ibrahím y su familia fueron recibidos por el alcalde.

Módulo 1

p. 31:
1. viajaron a México → viajara a México
2. fueron simpáticas → fueran simpáticas
3. me dieron tu número → me dieras tu número
4. dominaron un gran territorio → dominaran un gran territorio
5. hablaron bien quechua → habláramos bien quechua
6. me pusieron el traje tradicional → me pusiera el traje tradicional
7. salieron a bailar → saliera a bailar
8. supieron todo → supierais todo
9. conocieron el futuro → conocieras el futuro

p. 32:
1. Si no hubiera tenido tanto miedo, ...
2. Si Colón no hubiera encontrado el camino a América, ...
3. Si no hubierais visto la película, ...
4. Si la fiesta no hubiera sido tan divertida, ...
5. Si no me hubieras llamado, ...
6. Si nos hubiéramos conocido hace un mes, ...

p. 32:
1. ¿Qué habrías hecho tú en mi lugar?
2. Nosotras te habríamos ayudado.
3. ¿No habríais hablado con él?
4. Yo habría intentado encontrar una solución.
5. Ellos no habrían dicho nada.
6. Él no habría salido solo.

p. 33:
1. Si **hubiera leído** más sobre los incas, **habría recordado** los nombres de sus dioses ayer en el examen.
2. Los incas no **habrían construido** ciudades como Machu Picchu si no **hubieran sido** grandes arquitectos.
3. Si Colón no **hubiera llegado** a América en 1492, probablemente otros europeos **habrían llegado** más tarde.
4. La historia de América Latina **habría sido** diferente si los europeos no **hubieran conquistado** el continente.
5. Si ella no **hubiera visitado** a su abuela en Chiapas, no **habría escuchado** tantas historias sobre sus antepasados.

Módulo 2

p. 35:
Nuestro profesor dijo que...
1. en al-Ándalus, musulmanes, judíos y cristianos habían convivido bien durante casi 800 años.
2. valía la pena visitar los Jardines del Alcázar.
3. la gente se encontraba en los *hamams*.
4. haríamos una excursión a la Alhambra.
5. la expulsión de los musulmanes y judíos había traído consecuencias negativas.
6. había visitado el Patio de los Leones.
7. sería interesante saber más sobre al-Ándalus.

Índice

Hier findest du alle Themen aus diesem Grammatikheft in alphabetischer Reihenfolge mit Seitenzahl. Die grünen Themen sind Wiederholungen aus *¡Apúntate! 1–4 Nueva edición*, die in diesem Heft in den grünen *¡Acuérdate!*-Kästen noch einmal aufgegriffen werden.